LA NUEVA ECONOMÍA
DE LA INFORMACIÓN

La Nueva Economía de la Información 1ª edición: abril 2024

Foto autor contracubierta: Andreina Camacho

Diseño Cubierta: Andreina Camacho

Ediciones Mente Abierta Libros

Av.11. Alto Prado. Caracas 1080, Venezuela

ISBN (versión Paperback): 979-8-8772795-7-5

MENTE ABIERTA LIBROS

TABLA DE CONTENIDO

I.   INTRODUCCIÓN

*E*sta primera sección de "Introducción a la Economía de la *Información"* proporciona una visión exhaustiva de cómo la era digital ha redefinido nuestra interacción con la información. Explora la transformación digital y la democratización del acceso a la información, destacando tanto las oportunidades como los desafíos que esto representa. Se centra en la evolución del valor de la información en la economía digital, examinando cómo los datos personales se han convertido en un activo económico crucial. Además, aborda las implicaciones de la privacidad en este nuevo entorno y las responsabilidades éticas y legales que surgen de la gestión de datos. Esta sección establece el marco necesario para comprender las complejidades de la economía de la información en nuestro mundo interconectado.

1. La Era Digital y la Información

Comencemos explorando cómo la era digital ha transformado el acceso y la distribución de la información. Veamos la transición desde los medios tradicionales hasta la omnipresencia de la información digital y cómo esto ha cambiado nuestra interacción con el mundo.

La Transformación Digital

La era digital ha marcado un hito en la historia de la humanidad, redefiniendo nuestra relación con la información. La llegada de Internet y la tecnología móvil ha transformado la distribución de información, pasando de los medios tradicionales a plataformas digitales interactivas y en constante actualización. Este cambio ha tenido un impacto profundo en diversas esferas, desde el periodismo hasta la educación, afectando tanto la vida personal como profesional.

La democratización del acceso a la información es otro aspecto crucial de esta transformación. Anteriormente, el conocimiento era un recurso limitado, controlado por instituciones poderosas y accesible solo para unos pocos. Hoy, Internet ha eliminado muchas barreras, proporcionando acceso a una amplia gama de conocimientos y datos a nivel global. Esta democratización ha abierto nuevas oportunidades de aprendizaje y participación en la sociedad.

En la economía digital, la información se ha convertido en un recurso económico de gran valor. Datos personales, patrones de comportamiento de usuarios y preferencias de consumo son ahora activos esenciales para empresas y organizaciones. Estos datos se recopilan, almacenan y analizan para impulsar decisiones de negocios y estrategias de marketing. Sin embargo, es crucial considerar las implicaciones éticas relacionadas con la gestión de estos datos, especialmente en términos de privacidad y seguridad.

La era digital también ha traído consigo desafíos únicos en términos de privacidad y seguridad de la información. A medida que aumenta la cantidad de datos personales en línea, también lo hace la necesidad de proteger esta información de accesos no autorizados y usos indebidos. La seguridad de la información se ha convertido en una prioridad tanto para individuos como para organizaciones.

Finalmente, la era digital requiere una nueva forma de pensamiento crítico y una comprensión profunda de cómo interactuamos con la tecnología y la información. Los individuos deben ser conscientes de cómo sus datos son utilizados y cómo pueden proteger su privacidad en línea. Este conocimiento es esencial para navegar de manera segura y efectiva en un mundo cada vez más digitalizado.

Este capítulo inicial sienta las bases para una exploración más profunda de cómo la era digital ha transformado la información, y cómo esta transformación afecta todos los aspectos de nuestra vida y sociedad.

La Democratización del Acceso a la Información

La democratización del acceso a la información en la era digital ha sido una revolución en sí misma. Primero, el advenimiento de Internet ha transformado el acceso al conocimiento, rompiendo barreras que antes limitaban el alcance de la información. Ahora, una amplia variedad de recursos y conocimientos están al alcance de casi cualquier persona con conexión a Internet, democratizando el aprendizaje y la educación.

En segundo lugar, esta accesibilidad ha impulsado la innovación y la creatividad. La facilidad para obtener información ha permitido a individuos y empresas explorar nuevas ideas y descubrimientos, acelerando el ritmo de la innovación en múltiples campos. La información disponible en línea sirve como un catalizador para nuevas creaciones y soluciones a problemas complejos.

Además, la democratización del acceso a la información ha tenido un impacto significativo en la sociedad y la política. Ha permitido una mayor participación ciudadana y ha dado voz a grupos que anteriormente estaban marginados. Las plataformas en línea ofrecen un espacio para el intercambio de ideas y fomentan una mayor transparencia y responsabilidad en el gobierno y otras instituciones.

Sin embargo, también hay desafíos asociados con esta democratización. La sobreabundancia de información puede llevar a la desinformación y al abrumamiento. La habilidad para discernir fuentes confiables y analizar críticamente la información disponible es crucial en este entorno saturado de datos.

Por último, la democratización del acceso a la información ha resaltado la brecha digital. Aunque la información es más accesible que nunca, aún existen desigualdades significativas en términos de acceso a la tecnología y la conectividad a Internet. Abordar esta brecha es fundamental para asegurar que los beneficios de la era de la información sean compartidos de manera equitativa.

La Información Como Recurso

En la economía digital, la información se ha convertido en un recurso crucial, comparable a los activos tradicionales en importancia y valor. Primero, los datos personales y los patrones de comportamiento del usuario se han convertido en recursos valiosos para las empresas, que los utilizan para impulsar decisiones de negocios y estrategias de marketing. Esta tendencia ha transformado la manera en que se aborda el análisis de mercado y el desarrollo de productos.

En segundo lugar, la información como recurso ha llevado a nuevas formas de competencia empresarial. Las compañías que pueden recopilar, analizar y utilizar eficazmente la información tienen una ventaja competitiva significativa. Esto ha llevado a una carrera por desarrollar tecnologías y estrategias que optimicen la recopilación y el análisis de datos.

Además, la valoración de la información ha planteado desafíos éticos y legales. La privacidad y la seguridad de los datos se han convertido en preocupaciones centrales, y las empresas deben navegar por un panorama complejo de regulaciones y expectativas del consumidor en cuanto a la gestión de datos.

Otro aspecto es el impacto económico de la información. La capacidad de traducir datos en insights valiosos puede generar nuevas oportunidades de negocio, impulsar la innovación y crear nuevos modelos de ingresos. Sin embargo, también existe el riesgo de que el uso indebido de datos cause daños económicos y reputacionales.

Por último, la transformación de la información en un recurso clave ha llevado a una reevaluación del papel de los datos en la sociedad. Se discute sobre quién posee los datos, cómo se deben compartir los beneficios derivados de los datos y cómo se puede garantizar que el uso de los datos beneficie a la sociedad en su conjunto.

2. El Valor de la Información

A continuación analizamos el valor creciente de los datos en la era digital. La información no es solo poder, sino también un activo económico crucial. Exploraremos cómo los datos personales se han convertido en una moneda de cambio en la economía digital.

La Información como Moneda del Mundo Moderno

En nuestra era, la información no solo es poder, sino también la moneda principal del mundo moderno. La evolución digital ha transformado la forma en que valoramos y utilizamos la información, elevándola a un estatus que supera incluso a recursos tradicionales como el oro o el petróleo. Las empresas de todo el mundo, desde pequeñas startups hasta corporaciones multinacionales, han comenzado a reconocer el valor intrínseco de los datos, convirtiéndolos en un recurso crucial para el éxito empresarial.

Esta transformación se ve claramente en el surgimiento y dominio de gigantes tecnológicos como Google y Facebook, cuyos modelos de negocio se centran en la recolección, análisis y monetización de información. Estas empresas han mostrado que el manejo eficiente de los datos puede ser la clave para obtener una ventaja competitiva significativa. Desde la personalización de la experiencia del usuario hasta la publicidad dirigida y la toma de decisiones estratégicas basadas en datos, la información se ha convertido en el núcleo de la economía digital.

Además, la disponibilidad de grandes cantidades de datos y la capacidad para analizarlos han abierto nuevas vías en campos tan diversos como la medicina personalizada, la optimización de la cadena de suministro y las estrategias de marketing. La capacidad de procesar y comprender estos datos no solo ha redefinido cómo operan las empresas, sino que también ha cambiado la forma en que se valoran en el mercado.

Economía Basada en Datos

La economía basada en datos ha revolucionado numerosos sectores. En el mundo del comercio electrónico, empresas como Amazon utilizan datos de comportamiento del consumidor para ofrecer recomendaciones personalizadas, lo que ha demostrado aumentar significativamente las ventas y la fidelidad del cliente. En el sector financiero, el análisis de datos de transacciones ayuda a detectar patrones de fraude y desarrollar servicios financieros personalizados, mejorando la seguridad y la experiencia del usuario.

Además, los datos están redefiniendo las reglas del juego en varios sectores, creando nuevas oportunidades y desafíos. Por ejemplo, en el sector del entretenimiento, plataformas como Netflix y Spotify utilizan algoritmos para predecir las preferencias de los usuarios y recomendar contenido, una estrategia que ha transformado completamente la industria del entretenimiento.

Estos ejemplos ilustran cómo los datos no solo están impulsando la innovación y el crecimiento económico, sino que también están transformando la forma en que las empresas interactúan con sus clientes. La economía basada en datos ha abierto nuevas vías de negocio y ha cambiado la manera en que las empresas operan y compiten en el mercado global.

Monetización de la Información Personal

La monetización de la información personal es una de las prácticas más lucrativas y controvertidas de la era digital. Cada acción que realizamos en línea, desde navegar por una página web hasta interactuar en las redes sociales, genera datos que pueden ser recopilados y analizados por las empresas. Estos datos personales son extremadamente valiosos, ya que permiten a las empresas entender mejor a sus clientes y personalizar sus estrategias de marketing y publicidad.

Una de las principales formas en que se monetiza la información personal es a través de la publicidad dirigida. Empresas como Google y Facebook utilizan los datos recopilados para mostrar anuncios personalizados que son más relevantes para sus usuarios.

Este modelo de negocio ha demostrado ser extremadamente exitoso, generando miles de millones de dólares en ingresos. Sin embargo, la monetización de datos personales también plantea serias preocupaciones sobre la privacidad y el consentimiento. Los usuarios a menudo no son plenamente conscientes de cómo se utilizan sus datos o los beneficios económicos que generan. Además, la recopilación y uso de datos personales ha generado debates sobre la propiedad de los datos y los límites éticos de su uso comercial.

El Poder de los Datos en la Toma de Decisiones

En la era digital, los datos se han convertido en una herramienta indispensable para la toma de decisiones en todos los niveles y sectores. Esta sección se sumerge en cómo el análisis de grandes volúmenes de datos está revolucionando la toma de decisiones, proporcionando insights profundos que antes eran inaccesibles.

En el sector de la salud, el análisis de datos médicos ha permitido avances significativos en diagnósticos y tratamientos personalizados. Por ejemplo, el análisis de patrones en datos de pacientes ha llevado al desarrollo de terapias más efectivas en enfermedades complejas como el cáncer. En el ámbito empresarial, los datos son el núcleo de estrategias de mercado y operacionales. Las empresas utilizan análisis predictivos para anticipar tendencias, comportamientos de consumidores y posibles riesgos, lo que les permite tomar decisiones más informadas y estratégicas.

Sin embargo, el uso de los datos para la toma de decisiones no está exento de desafíos. Uno de los más significativos es el riesgo de sesgo en los datos y algoritmos. Si los datos no representan adecuadamente a todos los segmentos de la población, las decisiones basadas en estos pueden perpetuar desigualdades existentes. Por lo tanto, es crucial abordar estos sesgos y asegurar una interpretación y uso éticos de los datos.

Desafíos Éticos y Legales

La economía de los datos, aunque ofrece oportunidades sin precedentes, presenta desafíos éticos y legales significativos. Esta sección aborda estos temas, centrándose en la privacidad de los datos, el consentimiento para su uso y la propiedad de la información.

Las regulaciones como el GDPR [1] en Europa han sido pioneras en intentar equilibrar la protección de la privacidad individual con la innovación tecnológica. Estas leyes establecen directrices claras sobre cómo se pueden recopilar, almacenar y usar los datos personales, otorgando a los individuos un mayor control sobre su información. Sin embargo, la rápida evolución de la tecnología y la economía global plantea desafíos constantes para mantener estas regulaciones actualizadas y efectivas.

Además de la privacidad, la seguridad de los datos es otra preocupación importante. A medida que las empresas y organizaciones dependen cada vez más de los datos para sus operaciones, se vuelven más vulnerables a los ciberataques que pueden comprometer la información sensible. Esto no solo representa un riesgo para los individuos cuyos datos pueden ser expuestos, sino también para las empresas que pueden enfrentar consecuencias legales y de reputación.

Conclusión: Equilibrio y Futuro en la Economía de los Datos

En la era digital, el valor de la información ha escalado a nuevas alturas, convirtiéndose en el motor de la innovación, el crecimiento económico y la toma de decisiones estratégicas. Este auge en la importancia de los datos ha llevado a desarrollos significativos en campos que van desde la salud hasta la tecnología, permitiendo un análisis y una comprensión más profundos del mundo que nos rodea. Sin embargo, la centralidad de los datos en nuestra sociedad también ha planteado desafíos éticos y legales sin precedentes, especialmente en términos de privacidad y seguridad.

---

[1] *La GDPR (General Data Protection Regulation) es una regulación de la Unión Europea que establece directrices para la recopilación y procesamiento de información personal de individuos dentro de la Unión Europea y el Espacio Económico Europeo. Entró en vigor en mayo de 2018.*

La economía de los datos ha puesto de manifiesto la necesidad de un equilibrio cuidadoso entre la innovación y la protección de la privacidad individual. Mientras las regulaciones como el GDPR buscan establecer límites y garantizar el consentimiento en la recopilación y uso de datos personales, también surgen preguntas sobre cómo estas regulaciones pueden coexistir con el impulso hacia la innovación tecnológica. Las empresas y gobiernos deben navegar en un terreno complejo donde el valor de los datos debe equilibrarse con los derechos individuales y la ética.

Mirando hacia el futuro, es crucial que todos los actores en la economía de los datos, desde corporaciones hasta individuos, comprendan y se adapten a estos desafíos. Esto implica no solo una comprensión de cómo se recopilan y utilizan los datos, sino también una apreciación de la responsabilidad que conlleva su manejo. La transparencia, la educación y un enfoque ético en el manejo de datos serán fundamentales para garantizar que la economía de los datos beneficie a la sociedad en su conjunto, sin comprometer los derechos y la privacidad de los individuos.

En resumen, la economía de los datos ofrece un potencial enorme para el progreso y la innovación, pero su éxito y sostenibilidad dependen de encontrar un equilibrio entre el aprovechamiento de los datos y la protección de los valores fundamentales de nuestra sociedad.

3. Privacidad en la Era Digital

A continuación reflexionamos sobre cómo las nociones de privacidad han cambiado con la llegada de Internet y las redes sociales. Discutimos los desafíos que enfrentamos al proteger nuestra información personal en un mundo donde compartir se ha convertido en la norma.

Evolución de la Privacidad en el Mundo Digital

La evolución de la privacidad en el mundo digital es una historia fascinante y compleja. Antes de la era de Internet, la privacidad se entendía principalmente en términos físicos y tangibles. Los documentos personales se almacenaban en casa o en cajas de seguridad, y la idea de compartir información personal era limitada a interacciones cara a cara o correspondencia escrita. Con el advenimiento de Internet, esta percepción cambió drásticamente. La información personal comenzó a almacenarse en servidores digitales, a menudo fuera de nuestro control directo, y el concepto de privacidad se amplió para incluir la seguridad de nuestros datos en línea.

El surgimiento de las redes sociales llevó esta evolución un paso más allá. Plataformas como Facebook, Twitter e Instagram crearon espacios donde compartir información personal se convirtió no solo en común, sino también en incentivado. Esta nueva forma de interacción social ha redefinido las fronteras de lo privado y lo público, presentando desafíos únicos. Los usuarios ahora deben navegar en un mundo donde sus acciones, preferencias y hasta su ubicación pueden ser datos recopilados públicamente por terceros. Este cambio en la naturaleza de la privacidad también ha llevado a un mayor escrutinio sobre cómo las empresas y gobiernos recopilan, almacenan y utilizan la información personal. La preocupación por la privacidad digital se ha convertido en un tema de debate público y político, impulsando cambios en la legislación y en las políticas de privacidad de las empresas. A medida que avanzamos más en la era digital, la forma en que entendemos y protegemos nuestra privacidad sigue evolucionando, presentando nuevos retos y oportunidades.

Impacto de las Redes Sociales en la Privacidad

Las redes sociales han transformado radicalmente el paisaje de la privacidad personal. Estas plataformas han reconfigurado la manera en que compartimos información, eliminando muchas de las barreras tradicionales que protegían nuestra privacidad. En estas plataformas, lo que una vez fue privado, como fotos familiares o pensamientos personales, ahora se comparte abierta y voluntariamente con una audiencia amplia y, a menudo, indeterminada.

La naturaleza intrínsecamente pública de las redes sociales ha llevado a una redefinición de lo que consideramos privado. Información que anteriormente se consideraba íntima ahora se exhibe en estos foros digitales, creando un registro permanente de nuestras vidas. Esta exposición no solo afecta la forma en que los individuos se presentan a sí mismos y se relacionan con otros, sino que también tiene implicaciones más amplias en términos de seguridad y vulnerabilidad a la explotación de datos.

Además, las redes sociales han abierto nuevas vías para la recopilación de datos por parte de empresas y anunciantes. A través del seguimiento de las interacciones en línea, las preferencias y los patrones de comportamiento, estas entidades pueden compilar perfiles detallados de los usuarios. Esto plantea preguntas serias sobre el consentimiento y el control sobre nuestra propia información. La privacidad en las redes sociales es, por lo tanto, un campo en constante evolución, que requiere una vigilancia y comprensión constante de cómo se manejan nuestros datos.

Desafíos de Privacidad en la Economía Basada en Datos

La era de la economía basada en datos ha llevado la privacidad a un nuevo terreno. En este entorno, los datos personales se han convertido en una moneda de cambio, esenciales para la operación de numerosas empresas y servicios. Sin embargo, este modelo económico presenta desafíos significativos para la privacidad individual. La recopilación masiva de datos personales, desde hábitos de navegación en línea hasta información de ubicación, ha generado preocupaciones sobre la seguridad y el uso ético de dicha información.

Las empresas, en su esfuerzo por personalizar servicios y publicidad, a menudo recopilan más datos de los necesarios, lo que plantea riesgos en caso de una violación de datos o un uso indebido. Estos riesgos no se limitan a la explotación comercial; también hay implicaciones.

4. Transición hacia una Economía Basada en Datos

Examinaremos cómo las empresas y organizaciones han adaptado sus modelos de negocio para capitalizar el valor de los datos, y cómo esto ha impactado en la sociedad y en la percepción individual de la privacidad.

El Surgimiento de la Economía de Datos

La transición hacia una economía basada en datos es una de las características definitorias de la era digital. Con la omnipresencia de la tecnología y la conectividad, los datos se han convertido en un recurso valioso y estratégico. Esta transformación ha permitido a las empresas de todos los sectores recopilar y analizar grandes volúmenes de información, lo que ha llevado a cambios significativos en las operaciones y estrategias empresariales. Los datos ahora se consideran un activo vital que puede ser utilizado para impulsar la innovación, optimizar procesos y personalizar experiencias de cliente.

En este contexto, las empresas que pueden recopilar, interpretar y actuar sobre los datos, se encuentran en una posición ventajosa. La habilidad para transformar los datos en insights accionables es ahora una competencia clave. Esto se refleja en la creciente demanda de profesionales en campos relacionados con el análisis de datos, la ciencia de datos y la inteligencia empresarial. Además, la capacidad para proteger y gestionar estos datos de manera efectiva se ha convertido en una preocupación crítica para las empresas, dada la naturaleza sensible y valiosa de la información.

Sin embargo, esta economía de datos no está exenta de desafíos. Mientras que los datos ofrecen oportunidades para el crecimiento y la innovación, también plantean preguntas sobre la privacidad, la seguridad y la ética. Las empresas deben navegar en un terreno complicado donde la recopilación y el uso de datos personales deben equilibrarse con el respeto a la privacidad y la regulación. La responsabilidad de manejar los datos de manera ética y segura es ahora una parte integral de la estrategia empresarial en la economía basada en datos

Impacto en Diversos Sectores

La economía de datos ha impactado profundamente en una variedad de sectores, alterando la forma en que operan y compiten. En el comercio minorista, por ejemplo, el análisis detallado de los datos de los consumidores ha revolucionado las estrategias de marketing y ventas, permitiendo una personalización sin precedentes que incrementa la fidelidad del cliente y las ganancias. Las tiendas online pueden predecir las preferencias de los clientes y ajustar sus inventarios y ofertas en tiempo real, creando una experiencia de compra altamente optimizada.

En el sector financiero, los bancos y las instituciones financieras utilizan análisis de datos para detectar fraudes, evaluar riesgos y ofrecer productos personalizados. Esta capacidad para analizar grandes conjuntos de datos ha resultado en una seguridad mejorada y en una mejor adaptación a las necesidades del cliente. En el campo de la salud, el análisis de datos ha abierto nuevas vías para el diagnóstico y tratamiento de enfermedades, personalizando los regímenes de tratamiento y mejorando los resultados de los pacientes.

Estos cambios, sin embargo, vienen con desafíos inherentes, como la necesidad de proteger la privacidad de los datos del cliente y garantizar su seguridad. Las empresas deben abordar estos desafíos mientras aprovechan las oportunidades que ofrece la economía de datos, equilibrando la innovación con la responsabilidad ética y legal.

Desafíos y Oportunidades

La transición hacia una economía basada en datos presenta tanto desafíos como oportunidades. Las empresas se enfrentan a la tarea de recopilar y analizar datos sin comprometer la privacidad y la seguridad del cliente. El cumplimiento de las regulaciones, como el GDPR, se ha convertido en un aspecto crucial, exigiendo un enfoque más transparente y responsable del manejo de datos. Estos desafíos requieren soluciones innovadoras y un enfoque ético en la gestión de datos.

Al mismo tiempo, la economía de datos abre un mundo de oportunidades. Los datos ofrecen un potencial enorme para la personalización, la eficiencia operativa y la toma de decisiones informadas. Para las empresas capaces de navegar estos desafíos, los datos pueden ser una fuente de ventaja competitiva significativa, permitiéndoles adelantarse a las tendencias del mercado y responder de manera más efectiva a las necesidades del cliente.

Mirando hacia el futuro, las empresas deberán equilibrar la innovación con la ética y la conformidad legal en su enfoque hacia los datos. La forma en que las organizaciones manejan estos desafíos y aprovechan las oportunidades determinará su éxito en la economía basada en datos.

5. Implicaciones Sociales y Éticas

En esta sección, exploraremos el impacto social de la transición hacia una economía basada en datos. La capacidad de recopilar y analizar grandes cantidades de información tiene un impacto profundo en la sociedad, que va desde la forma en que interactuamos en las redes sociales hasta cómo se toman decisiones políticas y empresariales. Analizaremos cómo los datos pueden utilizarse para el bien social, como en la mejora de servicios de salud pública y en la planificación urbana, pero también cómo pueden perpetuar desigualdades y sesgos existentes. Además, discutiremos la brecha digital y cómo el acceso desigual a la tecnología puede ampliar las diferencias socioeconómicas. Consideraremos las implicaciones sociales y éticas de una economía basada en la información.

Impacto Social de la Economía de Datos

El advenimiento de la economía basada en datos ha tenido un profundo impacto social, redefiniendo cómo interactuamos, tomamos decisiones y entendemos el mundo. Primero, la democratización del acceso a la información ha permitido un mayor intercambio de conocimientos y ha fomentado la innovación en múltiples campos. Sin embargo, esta misma accesibilidad ha planteado desafíos significativos, como la desinformación y la manipulación de datos. Además, la brecha digital entre quienes tienen acceso a la tecnología y quienes no, ha creado desigualdades en la sociedad, afectando el acceso a oportunidades y recursos.

En segundo lugar, el análisis de datos ha permitido avances en campos como la salud pública y la educación, donde los patrones identificados pueden conducir a mejoras significativas en servicios y políticas. Pero, al mismo tiempo, este análisis puede dar lugar a la invasión de la privacidad y al uso indebido de la información personal. La ética de cómo se recopilan, utilizan y comparten estos datos se ha convertido en un tema de debate y preocupación.

Finalmente, la economía de datos ha influido en la dinámica del poder y el control. Las empresas que tienen la capacidad de procesar y utilizar grandes volúmenes de datos poseen una influencia considerable sobre la sociedad y la economía. Esto plantea preguntas sobre la regulación de estas entidades y la protección de los individuos contra el uso indebido de sus datos. El equilibrio entre aprovechar los beneficios de la economía de datos y proteger los derechos individuales es un desafío continuo en la era digital.

Ética en la Recopilación y Uso de Datos

La ética en la recopilación y uso de datos es un aspecto crucial de la economía de datos. Primero, abordamos la importancia del consentimiento informado y la transparencia. Las empresas deben asegurarse de que los usuarios entiendan cómo se recopilan y utilizan sus datos. Esto incluye no solo la recopilación de datos a través de interacciones directas, sino también la obtención de datos a través de terceros y el uso de técnicas como el rastreo en línea.

En segundo lugar, examinamos las implicaciones del uso de datos en la toma de decisiones automatizada y el aprendizaje automático. Mientras que estos métodos pueden mejorar la eficiencia y la efectividad, también pueden perpetuar sesgos y discriminación si no se manejan con cuidado. Es fundamental que las empresas y organizaciones implementen prácticas de análisis de datos que identifiquen y mitiguen estos riesgos.

Finalmente, la responsabilidad de proteger los datos personales es una preocupación ética importante. Las brechas de datos y los ciberataques pueden tener consecuencias devastadoras para los individuos afectados. Las empresas y organizaciones deben adoptar medidas robustas de seguridad de datos y estar preparadas para responder de manera efectiva en caso de violaciones de seguridad.

Legislación y Derechos del Consumidor

La evolución de la legislación y los derechos del consumidor en la era de la economía de datos es esencial para proteger la privacidad y la integridad de la información personal. Primero, discutimos el desarrollo de leyes como el GDPR, que han establecido nuevos estándares para la protección de datos. Estas leyes obligan a las empresas a ser más transparentes sobre cómo se recopilan y utilizan los datos, y otorgan a los consumidores mayor control sobre su información personal.

En segundo lugar, analizamos cómo los consumidores pueden ejercer sus derechos en este nuevo contexto. Esto incluye el derecho a acceder a sus datos, el derecho a corregir información inexacta y el derecho a ser olvidado. Estos derechos empoderan a los individuos, pero también presentan desafíos en términos de cómo las empresas deben almacenar y gestionar los datos.

Finalmente, consideramos el papel de las organizaciones internacionales y los gobiernos en la creación de un marco global para la protección de datos. En un mundo cada vez más interconectado, la coordinación entre diferentes jurisdicciones es crucial para garantizar que los derechos de los consumidores se protejan de manera efectiva y coherente.

6. Resumen de la Sección I

En esta primera sección abordamos el impacto de la digitalización en nuestra relación con la información. Exploramos cómo esta era ha transformado el acceso y uso de la información, marcando una transición desde medios tradicionales a plataformas digitales interactivas. Resaltamos la democratización del acceso a la información y cómo esto ha empoderado a la sociedad, a pesar de los desafíos como la brecha digital.

Profundizamos en el valor económico de los datos, destacando cómo los datos personales y de comportamiento se han convertido en recursos cruciales para las empresas. En esta sección también exploramos las estrategias de monetización y las implicaciones éticas relacionadas con la privacidad y la seguridad.

En el contexto de la privacidad, se examinó cómo las redes sociales y la economía basada en datos han redefinido nuestras nociones de privacidad, subrayando los desafíos de proteger la información personal en un mundo donde compartir es la norma.

Además, se discutieron los cambios en los sectores comerciales y financieros a causa de la economía basada en datos, analizando cómo ha impactado en las estrategias empresariales y la toma de decisiones, equilibrando innovación, ética y legalidad.

Finalmente, se abordaron las implicaciones sociales y éticas de la economía de datos, incluyendo el impacto social del análisis de datos, la ética en su recopilación y uso, y la evolución de la legislación y los derechos del consumidor, destacando la importancia de un equilibrio entre los beneficios y los valores fundamentales de nuestra sociedad.

II. LA ECONOMÍA DE LO 'GRATUITO'

En esta sección "La Economía de lo Gratuito", nos enfocaremos en descifrar el negocio detrás de los datos y analizaremos cómo los servicios gratuitos en línea utilizan los datos personales. Esta sección desentrañará el modelo económico de servicios aparentemente gratuitos, revelando cómo las empresas monetizan los datos personales de los usuarios. Examinaremos cómo el intercambio de servicios gratuitos por datos personales ha transformado la economía digital, destacando los métodos a través de los cuales las empresas recopilan, analizan y utilizan esta información. También abordaremos las implicaciones éticas y de privacidad de este modelo de negocio, así como las expectativas y derechos de los usuarios en el marco de estos servicios gratuitos.

1. La Ilusión de lo Gratuito

En este capítulo exploraremos cómo la mayoría de los servicios como redes sociales y aplicaciones ofrecen funcionalidades sin costo monetario directo, analizando la percepción de gratuidad y las expectativas de los usuarios.

Percepción de Gratuidad en Servicios Digitales

La percepción de gratuidad en los servicios digitales es una ilusión convincente. Los usuarios, atraídos por la oferta de servicios sin costo monetario, se inscriben y participan en plataformas digitales, sin considerar a menudo el verdadero precio de su uso: los datos personales. Estos servicios, que van desde redes sociales hasta aplicaciones de productividad, presentan una fachada de gratuidad que oculta su verdadera moneda de cambio.

Sin embargo, esta transacción no monetaria no siempre es evidente para los usuarios. Muchos no se dan cuenta de que, al aceptar los términos y condiciones, están otorgando acceso a sus datos personales, que son recopilados, analizados y a menudo vendidos o utilizados para publicidad dirigida. Esta falta de conciencia sobre el intercambio real subyacente plantea preocupaciones significativas sobre la privacidad y el control de la información personal.

La dinámica de "si el producto es gratuito, el producto eres tú" se ha convertido en una realidad palpable en la economía digital. Este modelo de negocio, basado en la recopilación de datos a cambio de servicios, ha suscitado un debate sobre la ética y la transparencia en la economía digital. Mientras los usuarios disfrutan de las ventajas de los servicios gratuitos, a menudo no son conscientes del valor y el uso de sus datos, lo que lleva a una asimetría de información y poder entre usuarios y proveedores de servicios.

Los Datos Como Transacción Implícita

En el corazón de la economía de lo gratuito se encuentra una transacción implícita: los datos a cambio de servicios. Cada clic, cada búsqueda y cada interacción en plataformas digitales genera datos que son valiosos para las empresas. Estos datos, que abarcan desde preferencias personales hasta patrones de comportamiento, son recogidos meticulosamente por las empresas, a menudo con el usuario en la sombra de su verdadero valor.

El análisis y monetización de estos datos es un pilar fundamental para muchas empresas en la economía digital. A través de algoritmos sofisticados, las empresas pueden extraer información detallada sobre los usuarios, lo que les permite ofrecer publicidad dirigida, personalizar servicios y, en algunos casos, vender esta información a terceros. Este proceso convierte los datos personales en un recurso económico, subrayando la realidad de que, aunque los servicios son gratuitos, los usuarios pagan con su información. La relevancia de los datos en la economía digital ha llevado a una nueva forma de valoración empresarial. Las empresas que pueden recolectar y procesar eficientemente grandes volúmenes de datos personales obtienen una ventaja competitiva significativa. Sin embargo, esto plantea serias cuestiones éticas y de privacidad, ya que los usuarios a menudo no están plenamente conscientes de cómo y en qué medida sus datos son utilizados y valorados.

Conciencia y Comprensión del Usuario

La conciencia de los usuarios sobre el intercambio de sus datos personales por servicios gratuitos es a menudo limitada. Muchos no son plenamente conscientes de cómo sus datos son recolectados, analizados y utilizados por las empresas. Esta falta de conciencia puede llevar a decisiones menos informadas sobre la privacidad y el uso de los servicios digitales. Por lo tanto, es esencial aumentar la educación y sensibilización sobre la privacidad y seguridad de los datos. Las iniciativas de concienciación deben enfocarse en ilustrar la importancia de los datos personales, explicando cómo y por qué se recopilan, y proporcionando orientación clara sobre cómo los usuarios pueden proteger su información personal en línea.

Por otro lado, las empresas tienen la responsabilidad de garantizar que sus políticas de privacidad sean transparentes y accesibles. Deben ofrecer a los usuarios controles claros y sencillos para gestionar sus datos, asegurando que comprendan plenamente qué información se recopila y cómo se utiliza. Esto incluye proporcionar opciones para optar por no participar en ciertas formas de recolección de datos y ofrecer una explicación clara de los beneficios y riesgos asociados con el uso de sus servicios.

En conclusión, fomentar una mayor comprensión entre los usuarios sobre la importancia de sus datos personales y cómo se utilizan es crucial. Esto no solo mejora su capacidad para tomar decisiones informadas sobre su privacidad, sino que también promueve una mayor confianza y transparencia entre usuarios y proveedores de servicios digitales.

Evaluando el Verdadero Costo de lo Gratuito

Los servicios digitales gratuitos, aunque aparentemente sin costo, tienen implicaciones significativas para la privacidad y seguridad de los datos de los usuarios. Es crucial que los usuarios comprendan que el intercambio de datos personales por servicios gratuitos puede tener consecuencias a largo plazo en su privacidad. Los riesgos incluyen la vulnerabilidad a violaciones de datos y la posible explotación de la información personal para fines que el usuario no ha consentido.

Los usuarios deben ser proactivos en la protección de su privacidad en línea. Esto incluye utilizar herramientas y configuraciones de privacidad proporcionadas por los servicios, ser selectivos sobre la información que comparten y estar informados sobre cómo se pueden utilizar sus datos. Además, es importante que los usuarios busquen y consideren alternativas a los servicios que respeten mejor su privacidad.

Por último, las empresas que ofrecen servicios gratuitos tienen una responsabilidad ética significativa. Deben asegurarse de que sus prácticas de recolección y uso de datos sean transparentes, éticas y respeten la privacidad y los derechos de los usuarios. Esto incluye obtener un consentimiento informado para la recolección de datos y proporcionar a los usuarios un control claro y accesible sobre sus datos personales. Un enfoque equilibrado y ético en la economía de lo gratuito es esencial para proteger tanto los intereses de los usuarios como los de las empresas en el entorno digital.

2. Los Datos Como Moneda de Cambio

Profundizaremos en cómo los datos personales de los usuarios son utilizados como una forma de pago en la economía digital, examinando las técnicas de recolección y el valor económico de estos datos.

La Comodificación de la Información Personal

En la economía digital, la información personal se ha convertido en una mercancía valiosa. Cada clic, búsqueda y preferencia en línea que compartimos es recopilado y analizado por empresas que buscan entender mejor a sus consumidores. El proceso de comodificación implica transformar datos personales en productos que pueden ser comercializados y vendidos. La información personal va más allá de meros datos; refleja gustos, comportamientos y patrones de vida de los usuarios, convirtiéndose en un recurso invaluable para las estrategias de mercado y la publicidad dirigida.

El valor de estos datos radica en su capacidad para ofrecer insights profundos sobre el comportamiento del consumidor. Las empresas utilizan esta información para personalizar servicios, crear publicidad dirigida y, en última instancia, aumentar su rentabilidad. Sin embargo, este proceso plantea preguntas importantes sobre la privacidad y la autonomía del usuario. A menudo, los consumidores no son plenamente conscientes de la magnitud de la información que están compartiendo ni de cómo se está utilizando, lo que lleva a una falta de control sobre sus propios datos personales.

Esta comodificación de datos personales también plantea desafíos éticos y legales. Mientras que las empresas se benefician enormemente de la recopilación y análisis de estos datos, los usuarios a menudo no reciben una compensación justa por su información. Además, la recolección de datos puede cruzar límites éticos cuando se hace sin el consentimiento claro y transparente del usuario. Por lo tanto, es crucial abordar estas cuestiones para asegurar que la economía de los datos funcione de manera justa y ética, respetando la privacidad y los derechos de los individuos.

Transparencia y Consentimiento en la Recolección de Datos

La transparencia en la recopilación de datos es un tema crítico en la economía digital. Muchas empresas recopilan grandes cantidades de información personal, pero no siempre comunican claramente este proceso a los usuarios. Es común que los términos y condiciones sean largos y complejos, dificultando que los usuarios comprendan realmente qué datos están compartiendo y cómo se utilizarán. Esta falta de claridad en la política de datos plantea serios desafíos para el consentimiento informado, ya que los usuarios a menudo aceptan estos términos sin una comprensión completa de las implicaciones.

El consentimiento informado es otro pilar fundamental en la ética de la recopilación de datos. En un mundo ideal, los usuarios deberían dar su consentimiento para la recolección y uso de sus datos personales de manera consciente y voluntaria. Sin embargo, la realidad es a menudo diferente. Las prácticas actuales tienden a presionar o incluso forzar a los usuarios a consentir, si quieren acceder a los servicios. Esto lleva a una situación en la que el "consentimiento" puede no ser realmente una elección, sino más bien una necesidad impuesta para acceder a servicios digitales esenciales.

Por último, es esencial que las empresas adopten un enfoque más transparente y centrado en el usuario en cuanto a la recopilación de datos. Deben esforzarse por hacer que sus políticas de privacidad sean más accesibles y fáciles de entender, permitiendo a los usuarios tomar decisiones verdaderamente informadas. Al mismo tiempo, es importante que las regulaciones y leyes, como el GDPR, continúen evolucionando para proteger mejor los derechos de privacidad de los individuos, asegurando que su consentimiento para el uso de datos personales sea genuino y bien informado.

El Valor Económico de los Datos Personales

El valor económico de los datos personales en la era digital es incalculable. Las empresas de todo el mundo, desde gigantes tecnológicos hasta startups emergentes, buscan constantemente datos para mejorar sus productos, personalizar la publicidad y tomar decisiones estratégicas. Los datos personales, que abarcan desde preferencias de compra hasta patrones de comportamiento en línea, son un recurso clave que ayuda a las empresas a entender mejor a sus clientes y a predecir tendencias del mercado. Esta recolección y análisis de datos permite una segmentación del mercado más efectiva, una publicidad más dirigida y, en última instancia, una mayor rentabilidad.

Sin embargo, el valor de los datos personales va más allá del marketing y la publicidad. En sectores como la salud, los datos pueden contribuir a avances significativos en tratamientos personalizados y en la investigación médica. En el ámbito financiero, el análisis de datos ayuda en la detección de fraudes y en la gestión de riesgos. Aunque el potencial de los datos personales para impulsar la innovación y el crecimiento económico es enorme, también lo es la responsabilidad de manejar estos datos de manera ética y segura.

Por último, es importante reconocer los desafíos éticos que surgen de la monetización de datos personales. La privacidad y la seguridad de los datos se convierten en preocupaciones primordiales. Las empresas deben navegar en un delicado equilibrio, aprovechando el valor económico de los datos mientras protegen la privacidad y la confianza de sus usuarios. En este contexto, el debate sobre quién posee realmente los datos y cómo se deben compartir los beneficios derivados de ellos se vuelve cada vez más relevante.

Desafíos y Consideraciones Éticas

Los desafíos y consideraciones éticas en la utilización de datos personales son aspectos críticos en la economía de lo gratuito. A medida que las empresas recopilan y analizan cantidades masivas de información personal, surgen importantes preguntas sobre la privacidad y el uso ético de estos datos. La preocupación principal es cómo equilibrar los beneficios económicos y de innovación que proporcionan los datos con la protección de los derechos individuales de privacidad y autonomía. Este equilibrio ético es fundamental para mantener la confianza del usuario y la sostenibilidad del modelo de negocio basado en datos.

Además, el consentimiento informado y la transparencia en la recolección y uso de datos se han convertido en temas centrales. Las empresas enfrentan el desafío de recopilar datos de manera que respete los deseos y la privacidad del usuario, lo que incluye proporcionar opciones claras y accesibles para la gestión de datos personales. La responsabilidad de proteger los datos contra el acceso no autorizado y las violaciones de seguridad también recae en las empresas, lo que requiere una inversión continua en medidas de seguridad robustas.

Por último, las consideraciones éticas se extienden al impacto más amplio de la economía de datos en la sociedad. Esto incluye reflexionar sobre cómo el uso de datos puede afectar a grupos vulnerables y cómo las prácticas de recolección de datos pueden perpetuar sesgos o discriminación. Por lo tanto, es crucial que las empresas adopten un enfoque reflexivo y ético en el manejo de datos, que no solo cumpla con las regulaciones legales, sino que también considere el impacto social más amplio de sus prácticas.

3. Modelos de Negocio Basados en Datos

En este capítulo analizaremos los modelos de negocio de empresas que ofrecen servicios gratuitos, enfocándonos en cómo monetizan los datos recopilados y los retos asociados con este enfoque.

Innovación y Personalización a través de los Datos

La transformación de los modelos de negocio en la era digital se ha centrado significativamente en la innovación y personalización a través de los datos. Las empresas modernas, armadas con vastos volúmenes de información personal, han podido crear experiencias de usuario altamente personalizadas. Desde recomendaciones de productos y servicios hasta interfaces de usuario adaptativas, los datos permiten a las empresas anticipar las necesidades y preferencias de sus clientes de manera más precisa que nunca.

Esta personalización basada en datos no es solo una herramienta para mejorar la experiencia del cliente, sino también un motor clave para la innovación empresarial. Las empresas utilizan los insights obtenidos de los datos para desarrollar nuevos productos y servicios, adaptándolos a las demandas cambiantes del mercado. Esta capacidad para innovar basándose en datos reales y actuales ofrece una ventaja competitiva significativa, permitiendo a las empresas ser ágiles y receptivas en un mercado en constante cambio.

Además, la recopilación y análisis de datos abren nuevas oportunidades de generación de ingresos. Los modelos de negocio ahora pueden incluir aspectos como la venta de datos analíticos a terceros o la creación de nuevas líneas de servicios basadas en el análisis de datos. Este enfoque no solo aumenta la rentabilidad, sino que también diversifica las fuentes de ingresos, reduciendo la dependencia de las empresas de las corrientes de ingresos tradicionales.

En resumen, el enfoque basado en datos en los modelos de negocio modernos ha llevado a un cambio paradigmático en la forma en que las empresas operan y compiten. Con una mejor capacidad para personalizar y una mayor agilidad para innovar, las empresas que aprovechan eficazmente los datos están estableciendo nuevos estándares en la experiencia del cliente y abriendo nuevas vías para el crecimiento y el éxito en la economía digital.

Publicidad Dirigida y Monetización de Datos

La publicidad dirigida se ha convertido en un pilar esencial de los modelos de negocio basados en datos. Empresas de diversos sectores utilizan los datos recopilados de los usuarios para crear campañas publicitarias altamente específicas y efectivas. Este enfoque permite un nivel de precisión y personalización en la publicidad que era inalcanzable en la era pre-digital. Al analizar los datos de comportamiento y preferencias de los usuarios, las empresas pueden dirigir su publicidad a audiencias específicas, aumentando significativamente la eficacia de sus campañas y, por ende, su retorno de inversión.

Esta revolución en la publicidad ha generado un cambio significativo en las estrategias de marketing. La capacidad de segmentar audiencias de manera detallada permite a las empresas comunicar mensajes más relevantes y atractivos para cada grupo de consumidores. Sin embargo, esta capacidad de segmentación ha abierto también un debate sobre la privacidad y la ética en la recopilación y uso de datos personales para fines publicitarios. Existe una creciente preocupación sobre cómo se recopilan, se almacenan y se utilizan estos datos, y si los usuarios están plenamente informados y han consentido este uso.

Además, la monetización de datos personales a través de la publicidad dirigida plantea interrogantes sobre el equilibrio entre la innovación comercial y la protección de la privacidad de los usuarios. Si bien la publicidad personalizada puede ser beneficiosa para consumidores y empresas, es esencial que se realice de manera responsable y transparente. El desafío radica en encontrar un equilibrio que respete la privacidad de los usuarios y, al mismo tiempo, permita a las empresas aprovechar el potencial de los datos para innovar y crecer en el mercado competitivo actual.

Retos y Oportunidades Futuras

Los modelos de negocio basados en datos enfrentan varios retos y oportunidades a medida que evolucionan. Uno de los mayores desafíos es la seguridad y privacidad de los datos. A medida que las empresas recolectan cantidades cada vez mayores de información personal, se incrementa el riesgo de violaciones de datos y abusos de privacidad. Estos incidentes pueden dañar significativamente la confianza del usuario y la reputación de la empresa. Por lo tanto, es esencial desarrollar y mantener sistemas de seguridad robustos y políticas de privacidad claras y transparentes que protejan la información del usuario.

Otro desafío importante es el cumplimiento normativo. Con la introducción de regulaciones como el GDPR*, las empresas deben ser más cuidadosas que nunca sobre cómo recolectan, almacenan y utilizan los datos personales. Navegar por estas regulaciones, a menudo complejas, requiere un enfoque cuidadoso y considerado. Las empresas deben equilibrar la necesidad de utilizar los datos para impulsar su crecimiento y innovación con la obligación de respetar la privacidad y los derechos de los usuarios.

A pesar de estos desafíos, los datos ofrecen enormes oportunidades de crecimiento y desarrollo. Las empresas que pueden utilizar los datos de manera efectiva y responsable están bien posicionadas para innovar y liderar en sus respectivos mercados. La analítica avanzada y el aprendizaje automático ofrecen posibilidades para entender mejor a los clientes y anticipar tendencias, lo que puede traducirse en una ventaja competitiva significativa.

Mirando hacia el futuro, las tendencias en los modelos de negocio basados en datos probablemente se centrarán en la utilización de tecnologías emergentes como la inteligencia artificial y el Internet de las Cosas (IoT). Estas tecnologías no solo permitirán una recopilación y análisis de datos más sofisticados, sino que también abrirán nuevas vías para la personalización y la eficiencia. Sin embargo, también traerán nuevos desafíos éticos y de privacidad que deberán ser abordados cuidadosamente.

En conclusión, los modelos de negocio basados en datos tienen un potencial tremendo para transformar industrias y sociedades. Sin embargo, para aprovechar plenamente estas oportunidades, las empresas deben enfrentar los desafíos asociados con la seguridad, la privacidad y la ética de los datos, manteniendo siempre un enfoque centrado en el usuario y en el cumplimiento normativo.

4. Implicaciones Éticas y de Privacidad

En este capítulo discutiremos las implicaciones éticas del intercambio de datos por servicios, incluyendo la privacidad, el consentimiento informado y la transparencia en el uso de datos.

El Balance entre Innovación y Privacidad

En la economía de datos actual, las empresas enfrentan el desafío de equilibrar la innovación con la protección de la privacidad de los usuarios. La innovación, impulsada por el análisis detallado de datos personales, ofrece oportunidades significativas para el desarrollo de nuevos productos y servicios. Sin embargo, este enfoque debe ser equilibrado cuidadosamente con la necesidad de proteger la información personal de los usuarios. La clave está en encontrar un punto medio donde la innovación no comprometa la privacidad y la seguridad de los datos.

El uso ético de los datos es fundamental en este equilibrio. Las empresas deben implementar prácticas que aseguren que la recopilación y el uso de datos se realicen de manera ética y responsable. Esto incluye asegurarse de que los datos se utilicen de manera que beneficie tanto a la empresa como a sus usuarios, sin infringir los derechos de privacidad de estos últimos. La transparencia en cómo se recopilan y utilizan los datos es crucial para mantener la confianza del usuario.

Los desafíos éticos surgen particularmente cuando se utilizan datos personales para impulsar desarrollos tecnológicos como la inteligencia artificial y el aprendizaje automático. Aunque estos avances pueden llevar a innovaciones significativas, también plantean preguntas sobre la privacidad y el consentimiento. Es crucial que las empresas desarrollen estas tecnologías considerando cuidadosamente cómo se utilizan los datos y cuál es su impacto en la privacidad de los usuarios.

La protección de la privacidad del usuario en la innovación de datos no solo es una cuestión ética, sino también una ventaja competitiva. Las empresas que demuestran un compromiso genuino con la protección de datos pueden ganar la confianza y lealtad de sus clientes. Por lo tanto, es beneficioso para las empresas no solo seguir las regulaciones de privacidad, sino también ir más allá y abogar por prácticas de datos responsables y éticas.

En conclusión, el balance entre la innovación y la privacidad en la economía de datos es un acto delicado que requiere un compromiso constante con la ética y la responsabilidad. Las empresas que logran este equilibrio estarán mejor posicionadas para tener éxito en un mercado cada vez más consciente de la importancia de la privacidad y la seguridad de los datos.

Consentimiento y Transparencia

El consentimiento y la transparencia en la recopilación de datos personales son fundamentales para garantizar prácticas éticas en la economía de datos. Actualmente, muchas empresas recopilan datos de usuarios a través de procesos que no son del todo claros o transparentes. Esta falta de claridad dificulta que los usuarios den un consentimiento verdaderamente informado. Por ello, es esencial que las empresas mejoren sus métodos para obtener el consentimiento, asegurando que los usuarios comprendan plenamente cómo y por qué se recopilan y utilizan sus datos.

Una de las maneras de mejorar la transparencia es simplificar y clarificar las políticas de privacidad y los términos de servicio. Estos documentos a menudo son largos y complejos, lo que impide que muchos usuarios los entiendan completamente. Las empresas deberían esforzarse por hacer que estas políticas sean más accesibles y fáciles de entender, permitiendo así a los usuarios tomar decisiones informadas sobre sus datos personales.

Además, es importante ofrecer a los usuarios un control más directo sobre sus datos. Esto incluye proporcionar opciones claras y accesibles para gestionar la privacidad y la posibilidad de optar por no participar en ciertas formas de recopilación de datos. Al dar a los usuarios un mayor control sobre sus datos, las empresas pueden mejorar la confianza y fomentar una relación más positiva con sus clientes.

El papel de las regulaciones, como la GDPR, es crucial en la promoción de prácticas más éticas en la recopilación y uso de datos personales. Estas regulaciones establecen estándares claros para el consentimiento y la transparencia, obligando a las empresas a adoptar enfoques más responsables en el manejo de datos personales. Además, incentivan a las empresas a considerar la privacidad de los datos desde el inicio del diseño de sus productos y servicios.

En conclusión, el consentimiento informado y la transparencia son esenciales para las prácticas éticas en la recopilación y uso de datos personales. Al mejorar estos aspectos, las empresas no solo cumplirán con las regulaciones, sino que también construirán una base más sólida de confianza y respeto con sus usuarios. Este enfoque ético es fundamental para el éxito a largo plazo en la economía digital.

El Futuro de la Privacidad en la Era Digital

El futuro de la privacidad en la era digital se encuentra en una encrucijada, con avances tecnológicos como la inteligencia artificial (IA) y el aprendizaje automático redefiniendo continuamente las posibilidades y los riesgos. Estas tecnologías, aunque ofrecen beneficios significativos en términos de eficiencia y capacidad analítica, también plantean preocupaciones serias sobre la privacidad y la ética de los datos. La capacidad de la IA para procesar grandes conjuntos de datos personales puede llevar a un nivel de vigilancia y perfilado que nunca antes se había visto, lo que plantea desafíos significativos para la privacidad individual.

En este contexto, es crucial que las empresas que desarrollan y utilizan estas tecnologías lo hagan con una consideración cuidadosa de la privacidad y la ética. Deben implementarse prácticas de "privacidad por diseño", donde la protección de la privacidad del usuario se integre en el desarrollo de productos y servicios desde el inicio. Además, la transparencia en cómo se utilizan los datos personales, especialmente en aplicaciones de IA, es fundamental para mantener la confianza del público.

Los reguladores también juegan un papel crucial en el futuro de la privacidad. Deben mantenerse al día con el ritmo rápido de la innovación tecnológica, creando y actualizando regulaciones que protejan la privacidad de los usuarios sin sofocar la innovación. El diálogo continuo entre reguladores, empresas y expertos en privacidad es esencial para lograr un equilibrio entre el avance tecnológico y la protección de los datos personales.

Los usuarios, por su parte, deben estar informados y ser conscientes de cómo sus datos se utilizan y cuáles son sus derechos en relación con la privacidad. La educación sobre la privacidad y la seguridad de los datos es clave, ya que los usuarios empoderados pueden tomar decisiones más informadas sobre el uso de productos y servicios digitales.

En resumen, el futuro de la privacidad en la era digital dependerá de cómo las empresas, los reguladores y los usuarios aborden conjuntamente los desafíos planteados por las tecnologías emergentes. La colaboración y el compromiso continuos son esenciales para garantizar que los beneficios de la innovación tecnológica no se logren a expensas de la privacidad y la seguridad de los individuos.

5. El Futuro de la Gratuidad y los Datos

Este capítulo ofrece una perspectiva detallada sobre cómo podrían evolucionar los servicios gratuitos en el contexto de las nuevas tecnologías y expectativas de los usuarios, destacando la importancia de un enfoque equilibrado y ético en el manejo de datos personales.

Evolución de los Servicios Gratuitos

La evolución de los servicios gratuitos en la era digital está marcada por una constante innovación y adaptación. En el futuro, se espera que estos servicios se vuelvan aún más sofisticados y personalizados, impulsados por el avance de las tecnologías como el Big Data y la inteligencia artificial. Esto ofrecerá a los usuarios experiencias más enriquecedoras y adaptadas a sus preferencias individuales, pero al mismo tiempo, planteará retos adicionales en términos de privacidad y seguridad de los datos.

La personalización avanzada en los servicios gratuitos puede llevar a un nivel más profundo de interacción entre el usuario y la plataforma. Por ejemplo, los algoritmos podrían predecir con mayor precisión las necesidades y preferencias de los usuarios, ofreciendo recomendaciones y contenido que se alinee perfectamente con sus intereses. Sin embargo, esto también significa que las empresas tendrán acceso a una cantidad aún mayor de datos personales, lo que aumenta la responsabilidad de manejar estos datos de manera ética y segura.

Además, la competencia en el mercado de servicios gratuitos se intensificará, lo que podría llevar a las empresas a buscar nuevas formas de diferenciación y monetización. Esto podría incluir la implementación de modelos freemium más sofisticados, donde los usuarios puedan acceder a funcionalidades básicas de forma gratuita, pero deban pagar por características premium o avanzadas.

Otro aspecto por considerar es la creciente preocupación por la privacidad entre los consumidores. A medida que los usuarios se vuelven más conscientes de la importancia de sus datos personales, es probable que demanden mayor transparencia y control sobre cómo se recopilan y utilizan sus datos. Las empresas tendrán que responder a estas expectativas, posiblemente adaptando sus modelos de negocio para ofrecer más opciones y controles de privacidad a los usuarios.

En resumen, el futuro de los servicios gratuitos se perfila como un terreno dinámico, donde la innovación en la personalización y la experiencia del usuario deberá equilibrarse cuidadosamente con el respeto por la privacidad y la seguridad de los datos. Las empresas que logren navegar exitosamente este equilibrio estarán mejor posicionadas para prosperar en el cambiante panorama digital.

Impacto de la IA y el Big Data

La integración de la inteligencia artificial (IA) y el Big Data en los servicios gratuitos representa una tendencia creciente con un impacto profundo y diverso. La IA, con su capacidad para analizar grandes volúmenes de datos y aprender de ellos, está redefiniendo la forma en que se personalizan y mejoran los servicios. Esta tecnología permite un análisis más profundo y preciso de las preferencias y comportamientos de los usuarios, lo que conduce a una personalización sin precedentes en la oferta de servicios gratuitos.

Sin embargo, el uso de IA y Big Data también presenta desafíos significativos en términos de privacidad y ética. A medida que los algoritmos se vuelven más sofisticados en el análisis y la predicción de comportamientos, surgen preocupaciones sobre la transparencia y el control de los datos. La posibilidad de perfilado intrusivo y la toma de decisiones automatizada basada en datos personales plantean interrogantes éticos importantes sobre el uso y el potencial abuso de estas tecnologías.

Además, la seguridad de los datos se convierte en una preocupación crucial, ya que la recopilación y el análisis a gran escala aumentan el riesgo de violaciones de datos y usos indebidos. Las empresas deben implementar medidas de seguridad robustas y garantizar que los datos se utilicen de manera responsable y con el consentimiento adecuado del usuario.

Mirando hacia el futuro, la evolución de la IA y el Big Data seguirá influenciando los servicios gratuitos, pero será esencial que las empresas, reguladores y usuarios colaboren para abordar los desafíos éticos y de privacidad. Este esfuerzo conjunto ayudará a garantizar que el avance de estas tecnologías beneficie a los usuarios sin comprometer su privacidad y seguridad.

En conclusión, el impacto de la IA y el Big Data en los servicios gratuitos es inmenso y multifacético. Mientras que ofrecen oportunidades para una personalización avanzada y una mejor comprensión del usuario, también requieren una consideración cuidadosa de la privacidad, la ética y la seguridad. La forma en que las empresas manejen estos desafíos determinará en gran medida la efectividad y la aceptación de sus servicios en el futuro.

Nuevas Regulaciones y Expectativas de los Usuarios

La evolución de las regulaciones de privacidad y protección de datos es un factor clave en el futuro de los servicios gratuitos. Con el aumento de la conciencia sobre la privacidad de los datos, los usuarios demandan mayor transparencia y control sobre su información personal. Esto ha llevado a la implementación de nuevas regulaciones, como la GDPR en Europa, que buscan fortalecer los derechos de privacidad de los usuarios y establecer estándares más estrictos para la recolección y uso de datos personales por parte de las empresas.

Estas nuevas regulaciones también han cambiado las expectativas de los usuarios respecto a cómo las empresas deben manejar sus datos. Los usuarios ahora esperan no solo transparencia en la recopilación y uso de sus datos, sino también un control más fácil y directo sobre su información. Las empresas deben adaptar sus políticas y prácticas para satisfacer estas expectativas, lo que incluye proporcionar opciones claras y accesibles para la gestión de la privacidad y el consentimiento informado.

Además, la creciente sofisticación en el uso de la tecnología por parte de los usuarios significa que las empresas deben estar preparadas para responder a preguntas más detalladas y críticas sobre sus prácticas de manejo de datos. La educación y el compromiso continuos serán esenciales para mantener la confianza del usuario y la conformidad con las normativas.

El impacto de estas regulaciones y el cambio en las expectativas de los usuarios no se limitan solo a las grandes empresas, sino que también afectan a las startups y pequeñas empresas. Estas deben ser igualmente conscientes y proactivas en el manejo ético y legal de los datos personales. La adaptación a estas nuevas normativas y expectativas no solo es una cuestión de cumplimiento legal, sino también una oportunidad para construir una relación más sólida y confiable con los usuarios.

En resumen, las nuevas regulaciones y las cambiantes expectativas de los usuarios están modelando un futuro en el que la transparencia, el control y el respeto por la privacidad de los datos serán aspectos cruciales en los modelos de negocio basados en servicios gratuitos. Las empresas que se adapten con éxito a estos cambios estarán mejor posicionadas para prosperar en el mercado digital.

Innovaciones en Modelos de Negocio

La evolución de los modelos de negocio en la economía digital está impulsando innovaciones significativas, especialmente en el ámbito de los servicios gratuitos. Estas innovaciones están respondiendo no solo a los avances tecnológicos, sino también a las cambiantes demandas y expectativas de los usuarios. Una tendencia emergente es el modelo freemium, que ofrece servicios básicos de forma gratuita, mientras que las características avanzadas o adicionales requieren suscripción o pago. Este modelo permite a las empresas atraer a un amplio espectro de usuarios, ofreciendo al mismo tiempo opciones personalizadas para aquellos dispuestos a pagar por más funcionalidades.

Otro desarrollo notable es el aumento de los modelos basados en la comunidad y en el contenido generado por los usuarios. Estos modelos se benefician de la participación de los usuarios, creando valor a través de sus contribuciones y retroalimentación. Este enfoque no solo enriquece la experiencia del usuario, sino que también proporciona a las empresas datos valiosos sobre preferencias y comportamientos.

Además, estamos viendo un mayor enfoque en la sostenibilidad y la ética en los modelos de negocio. Las empresas están reconociendo la importancia de operar de manera responsable y transparente, especialmente en lo que respecta al uso de datos personales. Esto no solo es una respuesta a las regulaciones más estrictas, sino también a un cambio en las expectativas de los consumidores, que cada vez valoran más la privacidad y la ética empresarial.

Por último, el futuro de los modelos de negocio puede incluir una mayor integración con tecnologías emergentes como blockchain, que ofrece nuevas posibilidades para la transparencia y seguridad de los datos. La adopción de estas tecnologías podría transformar aún más la forma en que las empresas ofrecen servicios gratuitos, asegurando al mismo tiempo la protección y el manejo adecuado de los datos personales.

En conclusión, el futuro de los modelos de negocio en la economía de servicios gratuitos es dinámico y prometedor. Las empresas que se adapten a estas innovaciones y respondan efectivamente a las necesidades y expectativas de los usuarios estarán mejor equipadas para tener éxito en el competitivo mercado digital.

Conclusión: Un Equilibrio en Cambio Constante

El futuro de la gratuidad y los datos está indudablemente marcado por un equilibrio en constante cambio. Las empresas, en su búsqueda por ofrecer servicios gratuitos y atractivos, deben también innovar en la forma en que manejan y protegen los datos personales. Este delicado equilibrio entre ofrecer valor y proteger la privacidad se convierte en un pilar central para el éxito en la economía digital.

La adaptabilidad será una característica clave para las empresas en este futuro. Aquellas que logren adaptarse rápidamente a las nuevas tecnologías, regulaciones cambiantes y expectativas de los usuarios, manteniendo al mismo tiempo la privacidad y seguridad de los datos, serán las que prosperen. La innovación en el manejo de datos no solo se trata de tecnología, sino también de ética y responsabilidad.

Además, las expectativas de los usuarios continuarán evolucionando, especialmente en lo que respecta a la privacidad y el uso de sus datos personales. Las empresas deberán estar atentas a estos cambios y responder de manera proactiva, lo que incluye la implementación de políticas de privacidad más sólidas y prácticas de manejo de datos transparentes.

Las regulaciones, como la GDPR, seguirán desempeñando un papel crucial en la configuración de este paisaje. Las empresas deben ver estas regulaciones no como un obstáculo, sino como una guía para establecer prácticas de manejo de datos que respeten la privacidad y fomenten la confianza del usuario.

El futuro de los servicios gratuitos y el manejo de datos personales es, por tanto, una combinación de innovación tecnológica, adaptabilidad, responsabilidad ética y cumplimiento normativo. Las empresas que logren equilibrar estos elementos estarán mejor equipadas para enfrentar los desafíos y aprovechar las oportunidades de la economía digital.

En resumen, el camino hacia adelante en el mundo de los servicios gratuitos y la economía de datos es complejo y lleno de oportunidades. Requiere un enfoque equilibrado y dinámico, donde la innovación y la protección de la privacidad van de la mano. Las empresas que abracen este enfoque estarán bien posicionadas para liderar en un futuro donde los datos son tanto un activo valioso como un derecho personal que debe ser protegido.

6. Resumen de la Sección II

En la exploración de la economía de lo gratuito, hemos abarcado múltiples aspectos que definen el panorama actual y futuro de los servicios digitales gratuitos. Este capítulo final busca sintetizar las ideas clave y proporcionar una visión general de los desafíos y oportunidades que se presentan.

Hemos visto cómo los servicios gratuitos, impulsados por el análisis de datos y la IA, están evolucionando hacia una personalización más profunda, ofreciendo experiencias de usuario enriquecidas pero enfrentando desafíos significativos en términos de privacidad y ética. La transparencia y el consentimiento en la recopilación y uso de datos personales emergen como elementos fundamentales para mantener la confianza y la lealtad del usuario.

Las innovaciones en los modelos de negocio revelan una tendencia hacia una mayor adaptabilidad y diversificación en la oferta de servicios gratuitos, donde la sostenibilidad y la responsabilidad ética se convierten en factores clave. Al mismo tiempo, las regulaciones como la GDPR marcan un camino hacia prácticas más éticas y respetuosas de la privacidad.

Mirando hacia el futuro, el equilibrio entre la innovación tecnológica y la protección de la privacidad y los derechos de los usuarios será esencial. Las empresas que se adapten exitosamente a estos cambios, respetando la privacidad y fomentando prácticas transparentes y éticas, estarán mejor posicionadas para prosperar en el cambiante entorno digital.

En resumen, la economía de lo gratuito se encuentra en una constante evolución, marcada por avances tecnológicos y cambiantes expectativas de los clientes. El éxito en este ámbito dependerá de la capacidad de las empresas para innovar de manera responsable, equilibrando el aprovechamiento de los datos con la protección de la privacidad y seguridad de los usuarios.

III. DATOS Y MONETIZACIÓN

*E*n la era digital actual, los datos se han convertido en un recurso invaluable, especialmente para plataformas como Facebook, Google, TikTok, y otras. Esta sección explora cómo estas plataformas digitales recopilan y utilizan los datos de los usuarios para generar ingresos significativos. Desde la personalización de la publicidad hasta modelos de negocio innovadores, analizaremos las diversas estrategias y prácticas que estas empresas emplean para monetizar los datos. Además, consideraremos las implicaciones éticas y de privacidad que surgen de estas actividades, así como el impacto de las regulaciones y las tendencias futuras en este dinámico sector.

1. Estrategias de Recopilación de Datos

Este capítulo se enfoca en las diversas técnicas que las plataformas digitales utilizan para recopilar datos de usuarios, incluyendo el análisis y el perfilado. Se abordan las implicaciones éticas y de privacidad relacionadas con estas prácticas, y cómo el consentimiento y la transparencia juegan un papel crucial en el proceso.

Métodos de Recopilación en Plataformas

Las plataformas digitales emplean una variedad de métodos sofisticados para recopilar datos de usuarios, un proceso fundamental para sus modelos de negocio. Exploraremos estos métodos, destacando cómo afectan tanto a las plataformas como a los usuarios:

Recopilación Directa y Pasiva: La recopilación de datos se realiza tanto de manera directa como pasiva. La recopilación directa incluye información que los usuarios proporcionan voluntariamente, como nombres, preferencias, y datos demográficos. La recopilación pasiva, por otro lado, sucede de manera sutil, a través del seguimiento de la actividad en línea del usuario, como historiales de navegación, interacciones en redes sociales y patrones de compra.

Uso de Cookies y Rastreadores: Las cookies y otros rastreadores desempeñan un papel crucial en la recopilación de datos. Estas herramientas rastrean y almacenan información sobre las actividades en línea de los usuarios, permitiendo a las plataformas entender mejor sus comportamientos y preferencias. Aunque esenciales para personalizar la experiencia del usuario, también plantean preocupaciones sobre la privacidad.

Análisis de Redes Sociales y Metadatos: Las plataformas como Facebook y Twitter analizan activamente las interacciones en redes sociales y los metadatos asociados. Esto no solo incluye el contenido publicado por los usuarios, sino también la información sobre con quién interactúan, cuándo y cómo. Este análisis revela patrones de comportamiento y conexiones entre usuarios.

Integración de Datos de Terceros: Muchas plataformas integran datos de terceros para enriquecer sus perfiles de usuario. Esto incluye información de fuentes externas como bases de datos de marketing, encuestas y estudios demográficos. La integración de estos datos permite una comprensión más completa de los usuarios, aunque también plantea preguntas sobre la procedencia y el consentimiento de estos datos.

Avances Tecnológicos en la Recopilación de Datos: Con los avances en la IA y el aprendizaje automático, las plataformas están mejorando continuamente sus métodos de recopilación de datos. Estas tecnologías permiten un análisis más profundo y predictivo, identificando tendencias y preferencias que no serían evidentes a simple vista. Sin embargo, también incrementan la necesidad de un manejo ético y responsable de la información recopilada.

En resumen, los métodos de recopilación de datos en plataformas digitales son diversos y complejos, y su evolución continúa a medida que la tecnología avanza. Mientras ofrecen ventajas en términos de personalización y eficiencia, también conllevan responsabilidades significativas en términos de privacidad y ética.

Análisis y Perfilado de Usuarios

El análisis y perfilado de usuarios en plataformas digitales es un proceso complejo que convierte datos crudos en perfiles detallados, esenciales para la personalización y la estrategia comercial. Las plataformas utilizan algoritmos avanzados para transformar la información recopilada en perfiles ricos en detalles, que abarcan desde preferencias e intereses hasta patrones de comportamiento. Esta información es crucial para que las plataformas entiendan y anticipen las necesidades de sus usuarios.

La inteligencia artificial desempeña un papel vital en este proceso, permitiendo el análisis profundo de grandes volúmenes de datos y la identificación de tendencias y patrones complejos. Esta capacidad de análisis fomenta una personalización más efectiva de servicios y publicidad, lo que a su vez mejora significativamente la experiencia del usuario y aumenta la eficacia de las estrategias de marketing.

Sin embargo, esta personalización detallada también genera preocupaciones sobre la privacidad. Muchos usuarios no son plenamente conscientes de la cantidad de información que se recopila sobre ellos ni de cómo se utiliza. Por lo tanto, es imperativo que el perfilado de usuarios se lleve a cabo de manera ética y transparente. Las plataformas deben asegurar un uso responsable de los datos, equilibrando la personalización con la privacidad y seguridad del usuario.

Finalmente, el ámbito del perfilado de usuarios está en constante evolución, impulsado por avances tecnológicos y cambios en las regulaciones. Las plataformas deben adaptarse continuamente a estas tendencias para mantener su competitividad y, al mismo tiempo, respetar los derechos de los usuarios. Este enfoque cuidadoso en el análisis y perfilado de usuarios subraya su importancia crucial para las plataformas digitales, a la vez que destaca los retos éticos y de privacidad asociados.

Consentimiento y Transparencia

En la economía de la información actual, el consentimiento y la transparencia son fundamentales. El consentimiento ha evolucionado más allá de una mera formalidad legal; se ha convertido en un elemento crítico de la interacción entre usuarios y empresas. Los usuarios hoy día buscan y exigen comprender cómo se utilizan sus datos. Esto implica un consentimiento informado, donde las implicaciones de compartir información personal son claras y entendibles. La transparencia juega un papel crucial en este proceso, sirviendo como la base para establecer y mantener la confianza.

Las empresas enfrentan el desafío de no solo recolectar consentimientos, sino de hacerlo de una manera que sea genuinamente informativa y respetuosa. Esto requiere prácticas que vayan más allá del cumplimiento normativo; se trata de crear una cultura de respeto por la privacidad de datos. La transparencia en la recopilación, uso y gestión de datos personales no es solo un deber ético, sino también un elemento que puede diferenciar a una empresa en el mercado.

En este contexto, la transparencia se convierte en una herramienta estratégica para las empresas. Al ser transparentes sobre cómo se utilizan los datos, las empresas pueden fortalecer su relación con los clientes, generando lealtad y confianza. Esto es especialmente importante en una era donde la preocupación por la privacidad y el uso de datos personales está en su punto más alto.

El consentimiento informado y la transparencia también son claves para la responsabilidad corporativa en la era digital. Las empresas que adoptan estos principios no solo están cumpliendo con las expectativas de sus clientes, sino que también están contribuyendo a un entorno digital más ético y sostenible. Al final, una economía de la información saludable y sostenible depende de cómo las empresas manejan el delicado equilibrio entre el uso de datos y el respeto por la privacidad y autonomía de los individuos.

Mirando hacia el futuro, el consentimiento informado y la transparencia no serán solo buenas prácticas, sino imperativos para el éxito empresarial. En un mundo cada vez más digitalizado, la forma en que las empresas abordan estos temas definirá no solo su éxito, sino también el bienestar y la confianza de sus usuarios. La nueva economía de la información, por lo tanto, requiere un enfoque renovado y comprometido hacia el consentimiento y la transparencia.

Implicaciones Éticas de la Recopilación

Las implicaciones éticas de la recopilación de datos son un tema crucial en la nueva economía de la información. A medida que las empresas se vuelven más hábiles en recopilar datos masivos, surgen cuestiones importantes sobre la ética de estas prácticas. El respeto a la privacidad y la autonomía individual son fundamentales. Las empresas deben preguntarse no solo si pueden recopilar ciertos datos, sino si deben hacerlo, considerando el impacto potencial en la privacidad y la dignidad de las personas.

Además, la recopilación de datos plantea preguntas sobre la equidad y la discriminación. Los algoritmos y las bases de datos pueden perpetuar sesgos inconscientes, llevando a decisiones que afectan de manera desproporcionada a ciertos grupos. Por lo tanto, es vital que las empresas analicen críticamente sus prácticas de recopilación de datos y mitiguen cualquier sesgo potencial.

La transparencia es nuevamente esencial en este aspecto. Las empresas deben ser claras sobre qué datos recopilan y cómo los utilizan. Deben garantizar que los usuarios comprendan el alcance de la recopilación de datos y proporcionar opciones claras y accesibles para optar por no participar si lo desean.

Otro aspecto importante es el consentimiento. En el contexto de la recopilación de datos, el consentimiento no debe ser un mero trámite, sino un proceso continuo y significativo. Los usuarios deben tener el control sobre sus datos y la capacidad de cambiar sus preferencias en cualquier momento.

Finalmente, las empresas deben considerar el bien mayor y cómo sus prácticas de recopilación de datos pueden servir a la sociedad. Esto incluye no solo evitar daños, sino también buscar formas de utilizar los datos para promover el bienestar social y el progreso. En conclusión, la ética de la recopilación de datos es un tema multifacético que requiere una reflexión y acción consciente y continua por parte de las empresas en la economía de la información.

La Recopilación de Datos y la Experiencia del Usuario

La recopilación de datos ha revolucionado la experiencia del usuario en el mundo digital. Este proceso permite a las empresas personalizar y mejorar sus servicios, creando experiencias más ricas y relevantes para los usuarios. Sin embargo, este enfoque también conlleva responsabilidades significativas en términos de cómo se manejan y utilizan esos datos.

La clave está en encontrar un equilibrio entre la recopilación de datos para mejorar la experiencia del usuario y el respeto a su privacidad y autonomía. Las empresas deben esforzarse por ser transparentes sobre qué datos recopilan y cómo estos mejoran la experiencia del usuario. Al mismo tiempo, es esencial que mantengan estos datos seguros y respeten las preferencias de privacidad de los usuarios.

Un enfoque centrado en el usuario, que valora su privacidad tanto como su experiencia, no solo es ético sino también beneficioso para las empresas. Al ganar la confianza del usuario a través de prácticas responsables de recopilación de datos, las empresas pueden fomentar una relación más duradera y significativa con sus clientes.

El éxito en la economía de la información moderna se basa en comprender la relación entre la recopilación de datos y la experiencia del usuario. Las empresas que logran este equilibrio no solo mejoran la satisfacción al cliente, sino que también establecen un modelo sostenible para el futuro de la interacción digital.

Protección de Datos y Seguridad

La protección de datos y la seguridad son fundamentales en la era de la información. En primer lugar, es crucial que las empresas implementen protocolos de seguridad robustos para proteger los datos de los usuarios. Esto incluye medidas como encriptación avanzada, autenticación de múltiples sistemas de detección de intrusiones. Además, es esencial que las empresas estén siempre al día con las últimas tendencias y amenazas en seguridad cibernética para adaptar sus estrategias de protección de datos en consecuencia.

Otra consideración importante es la formación y concienciación del personal sobre la seguridad de los datos. Los empleados deben estar bien informados sobre las mejores prácticas para manejar datos sensibles y cómo prevenir brechas de seguridad. Esto es vital, ya que incluso los sistemas más seguros son vulnerables a errores humanos.

Además, las empresas deben tener políticas claras y transparentes de protección de datos. Esto implica no solo cumplir con las leyes y regulaciones vigentes, sino también comunicar de manera efectiva a los usuarios cómo se recopilan, almacenan y utilizan sus datos. Proporcionar esta transparencia no solo es una obligación legal, sino que también ayuda a construir confianza con los usuarios.

Por último, la respuesta a incidentes de seguridad es un aspecto crucial. Las empresas deben tener planes de acción claros para responder rápidamente a cualquier brecha de seguridad, minimizando así el impacto tanto para la empresa como para los usuarios. Este enfoque proactivo no solo ayuda a mitigar daños, sino que también demuestra un compromiso serio con la protección de los datos de los usuarios.

2. Modelos de Publicidad Dirigida

Aquí discutiremos la evolución de la publicidad dirigida en plataformas digitales, enfocándonos en cómo se personalizan los anuncios para mejorar la eficacia y el retorno de la inversión. También se considerará el impacto de estas estrategias publicitarias en la experiencia y percepción del usuario.

Personalización de Anuncios

La personalización de anuncios es una técnica clave en la publicidad digital moderna, permitiendo a las empresas dirigir su marketing de manera más eficiente y efectiva. Utilizando datos recolectados de diversas fuentes, como historiales de navegación, interacciones en redes sociales, y preferencias de compra, los anunciantes pueden crear mensajes publicitarios que resuenan de manera más directa con los intereses y necesidades individuales de cada usuario. Este enfoque no solo mejora la experiencia del usuario, presentándole productos y servicios más relevantes, sino que también aumenta la probabilidad de conversión para las empresas.

Sin embargo, la personalización de anuncios también plantea importantes desafíos y preocupaciones éticas, especialmente en lo que respecta a la privacidad y el consentimiento. Los usuarios a menudo no son plenamente conscientes de la cantidad y el tipo de datos que se recopilan sobre ellos, ni de cómo estos se utilizan para personalizar los anuncios. Esto plantea preguntas sobre la transparencia y el control que los individuos tienen sobre sus propios datos.

Además, la eficacia de la publicidad personalizada depende en gran medida de la calidad y la precisión de los datos recogidos. Datos incorrectos o mal interpretados pueden llevar a la generación de anuncios irrelevantes o incluso inapropiados, lo que puede dañar la relación entre la marca y el consumidor. Por lo tanto, es crucial para las empresas asegurarse de que los datos que utilizan sean precisos y estén actualizados.

Otra consideración importante es el equilibrio entre la personalización y la saturación. Demasiada personalización puede ser percibida como invasiva o molesta por los usuarios, lo que puede llevar a una respuesta negativa hacia la marca. Las empresas deben ser cuidadosas en cómo y cuánto personalizan, asegurándose de que sus esfuerzos de marketing sean bien recibidos y no invadan la privacidad de sus usuarios.

Finalmente, la personalización de anuncios debe realizarse de manera ética y responsable, respetando siempre los límites de la privacidad individual y cumpliendo con las regulaciones legales pertinentes. Las empresas deben buscar un equilibrio entre los beneficios comerciales de la publicidad personalizada y el respeto a los derechos y expectativas de privacidad de los usuarios. Este enfoque equilibrado no solo es esencial para mantener la confianza y la lealtad del cliente, sino también para asegurar una práctica comercial sostenible y ética en el entorno digital.

Efectividad y ROI en Publicidad Dirigida

La efectividad y el retorno de inversión (ROI) en la publicidad dirigida son aspectos cruciales en el marketing digital. Al utilizar datos específicos de los usuarios para orientar los anuncios, las empresas pueden alcanzar a su audiencia más relevante con mayor precisión, lo que a menudo resulta en una mayor tasa de conversión y, por lo tanto, en un ROI más alto. Este enfoque personalizado asegura que los recursos publicitarios se utilicen de manera más eficiente, reduciendo el gasto en anuncios que no llegan al público objetivo o no resuenan con él.

Una clave para aumentar la efectividad y el ROI es el análisis detallado de los datos. Comprender las tendencias, preferencias y comportamientos del consumidor permite a las empresas ajustar continuamente sus estrategias publicitarias para optimizar los resultados. Esta adaptación constante es esencial en el dinámico entorno digital.

Sin embargo, medir la efectividad y el ROI en la publicidad dirigida puede ser complejo. Implica no solo rastrear conversiones directas, sino también entender el impacto a largo plazo de la publicidad en la percepción de la marca y la lealtad del cliente. Por tanto, las métricas deben ser cuidadosamente seleccionadas y analizadas para proporcionar una imagen clara del éxito de la campaña.

Además, es importante tener en cuenta las variables externas que pueden influir en la efectividad de la publicidad dirigida, como los cambios en el mercado, las tendencias de los consumidores y las normativas de privacidad. Las empresas deben ser ágiles y capaces de adaptar sus estrategias publicitarias en respuesta a estos factores cambiantes para mantener un ROI alto.

En conclusión, la publicidad dirigida, cuando se ejecuta y se mide correctamente, puede ofrecer un ROI significativo, pero requiere un enfoque cuidadoso y adaptativo para maximizar su efectividad en un entorno de marketing en constante evolución.

Impacto en los Usuarios

El impacto de la publicidad dirigida en los usuarios es un tema de gran relevancia en el mundo digital. Por un lado, la personalización de los anuncios puede mejorar significativamente la experiencia del usuario, proporcionando contenido más relevante y reduciendo la cantidad de publicidad irrelevante. Esto puede conducir a una percepción más positiva de la marca y a una mayor satisfacción del usuario.

Sin embargo, también existen preocupaciones. Una personalización excesiva puede hacer que los usuarios se sientan vigilados o incomodos, especialmente si no comprenden cómo sus datos personales son utilizados para dirigir los anuncios. Esta sensación de invasión a la privacidad puede tener un impacto negativo en la percepción de la marca y en la confianza del consumidor.

Además, la publicidad dirigida puede crear cámaras de eco, donde los usuarios solo ven contenido que refuerza sus opiniones y preferencias existentes. Esto puede limitar la exposición a nuevas ideas y productos, afectando potencialmente el desarrollo y la diversidad de intereses del usuario.

Por lo tanto, las empresas deben buscar un equilibrio cuidadoso al implementar la publicidad dirigida, asegurándose de que mejoren la experiencia del usuario sin comprometer su privacidad o bienestar. Este equilibrio es clave para mantener una relación positiva y duradera con los usuarios en el entorno digital.

Innovaciones en Publicidad Digital

Las innovaciones en publicidad digital están redefiniendo la forma en que las empresas interactúan con sus audiencias. El uso de la inteligencia artificial y el aprendizaje automático está permitiendo una segmentación y personalización de anuncios más sofisticada y precisa. Estas tecnologías pueden analizar grandes volúmenes de datos en tiempo real para optimizar las campañas publicitarias y mejorar la relevancia de los anuncios para los usuarios individuales.

Además, la realidad aumentada y la realidad virtual están abriendo nuevas vías para experiencias publicitarias inmersivas y atractivas. Estas tecnologías permiten a las marcas crear experiencias interactivas y memorables que pueden aumentar el compromiso y la retención del usuario.

Otra tendencia importante es el aumento de la publicidad en plataformas de streaming y redes sociales, donde el contenido puede ser más directamente orientado y personalizado según los intereses y comportamientos específicos del usuario. Esto ofrece a las empresas oportunidades únicas para llegar a su público en un entorno más integrado y natural.

Finalmente, la creciente preocupación por la privacidad y las regulaciones en torno a la recopilación de datos están impulsando innovaciones en publicidad digital que respeten más la privacidad del usuario. Esto incluye el desarrollo de nuevos enfoques para la segmentación de anuncios que no dependen de datos personales tradicionales. Estas innovaciones no solo abordan las preocupaciones de privacidad, sino que también abren el camino para métodos publicitarios más éticos y sostenibles.

Técnicas y Herramientas en la Publicidad Dirigida

Las técnicas y herramientas en la publicidad dirigida son fundamentales para entender cómo se personalizan y optimizan los anuncios en el entorno digital. Las herramientas clave incluyen cookies y píxeles de seguimiento, que recopilan información sobre el comportamiento de navegación de los usuarios. Además, las plataformas de gestión de datos (DMPs) y plataformas de demanda de anuncios (DSPs) juegan un papel vital en la segmentación y entrega de anuncios.

El uso de Big Data y análisis avanzado permite a los anunciantes obtener insights profundos sobre los hábitos y preferencias de los usuarios. Además, las tecnologías de inteligencia artificial y aprendizaje automático están cada vez más presentes, permitiendo la optimización automática de campañas en tiempo real para maximizar la efectividad de los anuncios.

Estas técnicas y herramientas, cuando se utilizan de manera efectiva y ética, pueden mejorar significativamente la eficiencia y la relevancia de la publicidad dirigida, beneficiando tanto a las empresas como a los usuarios.

Desafíos y Consideraciones Éticas

Los desafíos y consideraciones éticas en la publicidad dirigida son múltiples y complejos. Primero, el manejo ético de los datos personales es una preocupación central. Las empresas deben asegurarse de que los datos se recopilan y utilizan de manera transparente y con el consentimiento adecuado, respetando la privacidad y la autonomía del usuario.

Otro desafío importante es la equidad y el sesgo en la publicidad dirigida. Los algoritmos pueden perpetuar o amplificar sesgos existentes, llevando a prácticas discriminatorias en la publicidad. Las empresas deben ser conscientes de estos riesgos y trabajar activamente para mitigarlos.

Además, la transparencia en la publicidad dirigida es esencial. Los usuarios deben tener claro cómo se utilizan sus datos y cómo pueden controlar esta utilización. Esto no solo es una cuestión de cumplimiento normativo, sino también de construir confianza y relaciones sostenibles con los usuarios.

Los desafíos legales y de cumplimiento también son significativos. Con regulaciones como el GDPR y el CCPA, las empresas deben estar constantemente al tanto de las leyes de privacidad y protección de datos, asegurando que sus prácticas de publicidad cumplan con estos estándares.

En conclusión, abordar estos desafíos y consideraciones éticas no solo es crucial para evitar riesgos legales y de reputación, sino también para fomentar un entorno digital más justo y respetuoso para todos los usuarios.

3. Privacidad y Regulaciones

Este capítulo examina los retos asociados con la privacidad de los datos en la era digital, destacando el impacto de regulaciones como la GDPR. Analiza cómo las plataformas digitales se adaptan a estos desafíos a través de estrategias de cumplimiento y consideraciones éticas.

Desafíos de Privacidad en la Era Digital

Los desafíos de privacidad en la era digital son numerosos y complejos. Primero, la cantidad y variedad de datos personales recopilados en línea han aumentado exponencialmente, lo que plantea serias preocupaciones sobre cómo se almacenan, utilizan y protegen estos datos. Los usuarios a menudo carecen de conocimiento o control sobre cómo se recopilan sus datos, lo que aumenta el riesgo de uso indebido y exposición.

Segundo, la tecnología avanza a un ritmo que a menudo supera la capacidad de los marcos regulatorios y las prácticas de privacidad para mantenerse al día. Esto crea un entorno donde las lagunas en la protección de datos son comunes, y donde las soluciones de privacidad pueden quedar obsoletas rápidamente.

Tercero, hay un aumento en la sofisticación de las amenazas a la seguridad cibernética, lo que complica aún más la protección efectiva de los datos personales. Los ataques cibernéticos, como el phishing y el ransomware, representan una amenaza constante para la integridad y seguridad de los datos personales.

Cuarto, la dependencia de los usuarios de los servicios digitales, junto con la opacidad de las políticas de privacidad, a menudo lleva a una aceptación pasiva del intercambio de datos. Esto plantea preocupaciones éticas sobre el consentimiento informado y la autodeterminación de los datos.

Finalmente, existe una tensión entre la necesidad de proteger la privacidad de los datos y el deseo de aprovechar los datos para la innovación y el desarrollo económico. Encontrar un equilibrio que proteja la privacidad de los usuarios sin obstaculizar el progreso tecnológico es uno de los desafíos más significativos de nuestra era.

Impacto de las Regulaciones Globales

El impacto de las regulaciones globales sobre la privacidad de datos es profundo y multifacético. La implementación de normativas como el GDPR (Reglamento General de Protección de Datos) en Europa ha establecido un nuevo estándar en la protección de datos, influenciando las prácticas empresariales a nivel mundial. Estas regulaciones obligan a las empresas a ser más transparentes en cómo recopilan, almacenan y utilizan los datos personales, y a garantizar un mayor control por parte de los usuarios sobre su propia información.

Además, estas regulaciones han llevado a las empresas a adoptar medidas más rigurosas en términos de seguridad de datos y a evaluar críticamente sus procesos de recopilación y uso de datos. El impacto se extiende a la responsabilidad y las sanciones en casos de incumplimiento, lo que ha llevado a una mayor conciencia y precaución en el manejo de datos personales.

Por otro lado, el impacto de estas regulaciones también presenta desafíos, especialmente para las empresas pequeñas y medianas, que pueden encontrar dificultades para cumplir con las complejas exigencias. Además, la variabilidad de las regulaciones entre diferentes regiones crea un entorno desafiante para empresas que operan a nivel global.

En resumen, mientras que las regulaciones globales como el GDPR han elevado el estándar para la protección de datos personales, también han introducido una serie de desafíos y consideraciones operativas que las empresas deben abordar de manera efectiva.

Estrategias de Cumplimiento y Ética

Las estrategias de cumplimiento y ética en la gestión de datos personales son fundamentales para las empresas en la era digital. Primero, el cumplimiento normativo, como adaptarse al GDPR, requiere un enfoque meticuloso en la recopilación, almacenamiento y uso de datos. Las empresas deben implementar políticas claras y procesos de auditoría para garantizar que cumplen con estas regulaciones.

Además, más allá del cumplimiento, las empresas deben adoptar una postura ética en el manejo de datos. Esto incluye respetar la privacidad del usuario, ser transparentes sobre el uso de los datos y garantizar la seguridad de la información recopilada.

También es crucial la formación y concienciación del personal sobre la importancia de la privacidad de los datos y las prácticas éticas. Los empleados deben comprender su papel en la protección de los datos y cómo sus acciones pueden afectar tanto a la empresa como a los usuarios.

Por último, las empresas deben estar preparadas para adaptarse rápidamente a las nuevas regulaciones y expectativas de los usuarios en cuanto a la privacidad. Mantenerse actualizado y ser proactivo en la implementación de cambios es esencial para un manejo ético y cumplido de los datos personales.

Privacidad vs. Innovación

La relación entre privacidad e innovación es un aspecto clave en la era digital. Por un lado, la innovación tecnológica a menudo depende del uso de grandes conjuntos de datos, lo que puede entrar en conflicto con la privacidad del usuario. Por otro lado, la necesidad de proteger la privacidad de los datos impulsa la innovación en tecnologías de seguridad y gestión de datos.

La clave está en encontrar un equilibrio entre ambos. Las empresas deben innovar de manera que respeten la privacidad del usuario, posiblemente utilizando técnicas como la anonimización de datos y el aprendizaje automático responsable.

Además, las regulaciones de privacidad pueden servir como catalizadores para la innovación, alentando a las empresas a desarrollar soluciones nuevas y más seguras para el manejo de datos.

En resumen, privacidad e innovación no tienen por qué ser conceptos opuestos. Un enfoque equilibrado puede conducir a un desarrollo tecnológico que sea tanto innovador como respetuoso de la privacidad del usuario.

4. Monetización Más Allá de la Publicidad

Exploramos modelos de negocio innovadores que van más allá de la publicidad tradicional, como Data as a Service (DaaS). Se discute cómo estas estrategias afectan diversas industrias y los retos y oportunidades que presentan, incluyendo su impacto en el marketing y la responsabilidad social corporativa.

Modelos de Negocio Innovadores

Estos modelos se centran en el uso creativo y ético de los datos y la tecnología para generar ingresos. Uno de los enfoques destacados es la personalización de productos y servicios, donde los datos del usuario se utilizan para ofrecer soluciones a medida que mejoran la experiencia del cliente y aumentan la lealtad a la marca.

Otro modelo innovador es la creación de ecosistemas digitales integrados. Empresas de diversos sectores están construyendo plataformas que ofrecen una variedad de servicios interconectados, creando así nuevas fuentes de ingresos y fortaleciendo el compromiso del usuario. Esta estrategia se basa en la idea de que un servicio o producto puede ser el punto de entrada para una gama más amplia de ofertas, aumentando el valor tanto para el usuario como para la empresa.

La economía colaborativa también representa un modelo de negocio innovador. Plataformas que facilitan el intercambio o la renta de activos entre usuarios no solo democratizan el acceso a recursos, sino que también abren nuevas vías de monetización. Estas plataformas crean comunidades y redes que son valiosas tanto para los usuarios como para las empresas que las gestionan.

Además, los modelos basados en suscripciones están ganando terreno en varios sectores. Este enfoque asegura un flujo de ingresos constante y mejora la predicción de ingresos futuros. Las suscripciones pueden variar desde acceso a contenido exclusivo hasta servicios personalizados, y están cambiando la forma en que los consumidores interactúan con productos y servicios.

Por último, la integración de la sostenibilidad en los modelos de negocio es otra tendencia innovadora. Las empresas no solo se enfocan en la rentabilidad, sino también en el impacto social y ambiental de sus operaciones. Este enfoque atrae a consumidores conscientes y puede generar nuevas oportunidades de mercado, al tiempo que contribuye positivamente a la sociedad y al medio ambiente.

Data as a Service (DaaS)

"Data as a Service (DaaS)" es un modelo de negocio emergente en el cual los datos se monetizan ofreciéndolos como un servicio. En este modelo, las empresas recopilan, procesan y analizan datos para luego proporcionarlos a clientes que buscan insights específicos o mejoras en sus operaciones. DaaS permite a las empresas aprovechar sus vastas reservas de datos para ofrecer soluciones personalizadas que satisfacen necesidades específicas de información de sus clientes.

Este modelo es especialmente valioso para organizaciones que no tienen la capacidad de procesar grandes cantidades de datos. Al externalizar esta función, pueden obtener acceso a insights valiosos sin la necesidad de invertir en infraestructura y tecnología de datos costosa. Además, DaaS fomenta una mayor colaboración y compartición de datos entre diferentes sectores, lo que puede conducir a innovaciones y mejoras en diversos campos.

Sin embargo, la implementación de DaaS presenta desafíos, particularmente en términos de seguridad y privacidad de datos. Las empresas deben asegurarse de que los datos se manejen y compartan de acuerdo con las leyes de protección de datos y las mejores prácticas de privacidad. Además, la calidad y la actualización constante de los datos son esenciales para mantener el valor y la relevancia del servicio ofrecido.

En resumen, DaaS representa una oportunidad significativa para monetizar datos de manera innovadora, ofreciendo servicios de información valiosos y personalizados a clientes en una variedad de industrias. Su éxito depende de un manejo cuidadoso y ético de los datos, así como de la capacidad de mantener la calidad y seguridad de la información proporcionada.

Retos y Oportunidades

Los retos y las oportunidades en la monetización de datos van de la mano. Un desafío significativo es garantizar la privacidad y seguridad de los datos, especialmente con regulaciones estrictas como el GDPR. Las empresas deben navegar cuidadosamente estas normativas mientras aprovechan el potencial de los datos.

Otra oportunidad es la creación de nuevos mercados y modelos de negocio. La monetización de datos abre caminos para innovaciones y soluciones personalizadas, ofreciendo un terreno fértil para el crecimiento empresarial y la creación de valor.

Sin embargo, otro reto es mantener la calidad y relevancia de los datos. Las empresas deben invertir en tecnología y habilidades para garantizar que los datos sean precisos y útiles.

En conclusión, mientras los retos son considerables, las oportunidades que ofrece la monetización de datos son enormes, permitiendo a las empresas no solo generar ingresos sino también impulsar la innovación y el desarrollo de nuevos productos y servicios.

Monetización de Datos en Diversas Industrias

La monetización de datos en diversas industrias está transformando la forma en que las empresas operan y generan ingresos. En el sector de la salud, por ejemplo, la recopilación y análisis de datos de pacientes están mejorando los tratamientos y la eficiencia operativa, al tiempo que abren nuevas vías para la investigación y el desarrollo de medicamentos.

En el ámbito financiero, los datos permiten un análisis más detallado del comportamiento del consumidor, lo que facilita la personalización de productos y servicios, y mejora la gestión de riesgos. Las instituciones financieras están utilizando datos para desarrollar modelos predictivos más precisos, ofreciendo mejores servicios a sus clientes y optimizando sus estrategias de inversión.

En el comercio minorista, la monetización de datos está redefiniendo la experiencia del cliente. Los minoristas utilizan datos para personalizar la experiencia de compra, desde recomendaciones de productos hasta servicios de atención al cliente. Esto no solo mejora la satisfacción del cliente, sino que también aumenta la eficiencia operativa y las ventas.

La industria del entretenimiento también se beneficia enormemente de la monetización de datos. Los servicios de streaming utilizan datos para recomendar contenido, mejorar la retención de usuarios y desarrollar nuevos contenidos basados en las preferencias del público. Esta personalización mejora la experiencia del usuario y abre nuevas oportunidades de ingresos.

Finalmente, en el sector de la tecnología y las telecomunicaciones, los datos están impulsando la innovación en servicios y productos. La información recopilada permite a estas empresas anticipar tendencias, desarrollar nuevas tecnologías y mejorar la conectividad y los servicios para sus usuarios.

En resumen, la monetización de datos está teniendo un impacto profundo y variado en múltiples industrias, ofreciendo no solo nuevas oportunidades de ingresos, sino también la posibilidad de mejorar productos, servicios y la experiencia del cliente.

Impacto de los Datos en Estrategias de Marketing

El impacto de los datos en las estrategias de marketing es profundo y multifacético. Primero, los datos permiten una segmentación y personalización mucho más precisas de las campañas de marketing. Al comprender mejor las preferencias y comportamientos de los clientes, las empresas pueden crear mensajes más relevantes y efectivos.

En segundo lugar, los datos mejoran la capacidad de las empresas para rastrear y medir el éxito de sus campañas. Esto conduce a una optimización continua de las estrategias de marketing, asegurando que los recursos se utilicen de manera más efectiva.

Tercero, el análisis de datos está impulsando la innovación en marketing, llevando a nuevas formas de interactuar con los clientes, como el marketing predictivo y personalizado. Esto no solo mejora la experiencia del cliente, sino que también aumenta la eficiencia de las campañas.

Cuarto, los datos también plantean desafíos éticos y de privacidad. Las empresas deben equilibrar el uso de datos para el marketing con el respeto a la privacidad del cliente, asegurándose de cumplir con las regulaciones y mantener la confianza del cliente.

En resumen, los datos están revolucionando las estrategias de marketing, ofreciendo oportunidades sin precedentes para la personalización y eficiencia, pero también requieren un manejo cuidadoso y responsable para mantener la confianza y la lealtad del cliente.

Monetización y Responsabilidad Social Corporativa

La relación entre la monetización de datos y la responsabilidad social corporativa (RSC) es compleja y vital para las empresas modernas. Primero, al monetizar datos, las empresas deben equilibrar sus objetivos comerciales con un compromiso con la ética y la privacidad. Este equilibrio es crucial para mantener la confianza del cliente y la reputación de la empresa. La RSC en este contexto implica una gestión de datos que no solo cumpla con las regulaciones legales, sino que también respete los derechos y expectativas de privacidad de los individuos.

En segundo lugar, la RSC en la monetización de datos también se refleja en cómo las empresas utilizan sus datos para beneficios sociales. Esto puede incluir compartir datos para investigaciones que pueden beneficiar a la sociedad, como estudios de salud pública o iniciativas de sostenibilidad ambiental, siempre garantizando la protección de la privacidad y la seguridad de los datos.

Tercero, la transparencia es un aspecto crítico de la RSC en la monetización de datos. Las empresas deben ser claras sobre cómo recopilan, usan y venden datos, ofreciendo a los usuarios un control adecuado sobre su información personal. Esta transparencia no solo es una cuestión de cumplimiento normativo, sino que también refuerza la confianza y la lealtad del cliente.

Cuarto, las empresas deben considerar el impacto a largo plazo de sus prácticas de monetización de datos en la sociedad. Esto incluye evaluar cómo sus prácticas de recopilación y uso de datos pueden influir en aspectos como la equidad social y la inclusión digital. Una verdadera RSC implica esforzarse por prácticas que no solo sean rentables, sino que también promuevan un impacto social positivo.

Por último, la innovación en la monetización de datos debe ir acompañada de un compromiso continuo con la RSC. Esto significa que las empresas deben estar dispuestas a adaptarse y cambiar sus prácticas en respuesta a las preocupaciones éticas emergentes y las expectativas cambiantes de la sociedad. En última instancia, una estrategia de monetización de datos responsable puede ser una poderosa herramienta para construir una marca respetada y sostenible.

5. Futuro de la Monetización de Datos

Consideramos las tendencias emergentes en tecnología y datos, y cómo estas influirán en la monetización futura. Se analiza cómo las expectativas cambiantes de los usuarios y las innovaciones tecnológicas podrían transformar el panorama de la monetización de datos.

Tendencias Emergentes en Tecnología y Datos

Las tendencias emergentes en tecnología y datos están marcando el camino hacia futuros modelos de monetización. Una tendencia clave es el desarrollo acelerado de la inteligencia artificial (IA) y el aprendizaje automático, que están permitiendo un análisis de datos más profundo y la generación de insights más sofisticados. Estas tecnologías están abriendo nuevas posibilidades para la personalización y predicción en diversos sectores, desde el comercio minorista hasta la atención sanitaria.

Otra tendencia significativa es el crecimiento del Internet de las Cosas (IoT). Con cada vez más dispositivos conectados, la cantidad de datos generados está aumentando exponencialmente. Esto no solo proporciona más fuentes de datos para monetizar, sino que también crea nuevas oportunidades para servicios basados en datos, como el mantenimiento predictivo y las soluciones de hogar inteligente.

La computación en la nube es otra área que está influyendo en la monetización de datos. Al facilitar un almacenamiento y procesamiento de datos más eficiente y escalable, la nube permite a las empresas acceder y analizar grandes conjuntos de datos sin la necesidad de una infraestructura física costosa. Esto democratiza el acceso a la monetización de datos para empresas de todos los tamaños.

La analítica avanzada y la visualización de datos están también jugando un papel crucial. Estas herramientas no solo ayudan a las empresas a comprender mejor sus datos, sino que también les permiten comunicar esos insights de manera más efectiva, tanto internamente como a sus clientes. Esto abre nuevas vías para la monetización de datos, especialmente en campos donde la toma de decisiones se basa en el análisis de datos complejos.

Finalmente, la privacidad y seguridad de los datos son aspectos cada vez más importantes. Con los usuarios más conscientes y preocupados por cómo se utilizan sus datos, y con regulaciones más estrictas, las empresas deben encontrar formas innovadoras de monetizar los datos mientras mantienen altos estándares de privacidad y seguridad. Este equilibrio será clave para el éxito en la futura monetización de datos.

Cambio en las Expectativas del Usuario

El cambio en las expectativas del usuario está redefiniendo la monetización de datos. Los usuarios están cada vez más informados y preocupados por su privacidad, exigiendo transparencia en cómo se recopilan y utilizan sus datos. Esta tendencia está impulsando a las empresas a adoptar prácticas más éticas y centradas en el usuario en su estrategia de monetización.

La demanda de personalización también está en aumento. Los usuarios esperan que los servicios y productos se adapten a sus necesidades y preferencias individuales, lo cual requiere un uso inteligente y considerado de los datos. Sin embargo, esta personalización debe equilibrarse cuidadosamente con el respeto a la privacidad.

La preocupación por la seguridad de los datos es otro factor clave. Los usuarios buscan garantías de que sus datos están protegidos contra accesos y usos no autorizados, lo que obliga a las empresas a fortalecer sus protocolos de seguridad y ser transparentes sobre sus medidas de protección de datos.

Además, hay un creciente interés en el control sobre los propios datos. Los usuarios desean tener más voz y voto sobre cómo se utilizan sus datos, lo que incluye opciones claras y accesibles para optar por no participar en ciertos usos de sus datos.

Por último, las expectativas de los usuarios hacia la responsabilidad social corporativa están influenciando cómo las empresas abordan la monetización de datos. Los usuarios prefieren empresas que utilizan datos de manera ética y que contribuyen positivamente a la sociedad. Este cambio en las expectativas del usuario es un factor crucial que las empresas deben considerar en sus estrategias de monetización de datos futuras.

Innovaciones y Desafíos Futuros

Las innovaciones en la monetización de datos se acompañan de desafíos significativos. La IA y el aprendizaje automático están abriendo nuevas vías para analizar y utilizar datos, pero plantean cuestiones éticas y técnicas, especialmente en cuanto a sesgos y toma de decisiones automatizada.

La integración de tecnologías emergentes como blockchain ofrece potencial para una gestión de datos más segura y transparente, pero también conlleva desafíos en su implementación y adopción generalizada.

La adaptación a las regulaciones de privacidad cambiantes y cada vez más estrictas es otro desafío importante. Las empresas deben ser ágiles para cumplir con estas normativas sin sacrificar su capacidad de innovar y monetizar datos.

Además, hay una creciente necesidad de habilidades especializadas para analizar grandes volúmenes de datos. La escasez de talento en áreas como análisis de datos, ciberseguridad y cumplimiento normativo puede ser un gran obstáculo.

Finalmente, mantener la confianza del usuario mientras se innova en la monetización de datos es esencial. Las empresas deben encontrar formas de equilibrar el uso de datos innovadores con la transparencia y el respeto por la privacidad del usuario para mantener y fortalecer la relación con sus clientes.

La Sostenibilidad de los Modelos de Datos

La sostenibilidad de los modelos de datos es un tema crucial en la era de la monetización de datos. Primero, la sostenibilidad implica garantizar que la recopilación y uso de datos no solo sean rentables, sino también responsables desde un punto de vista ético y legal. Las empresas deben considerar el impacto a largo plazo de sus prácticas de datos en los usuarios y en la sociedad.

Otro aspecto importante es la adaptabilidad de los modelos de datos. En un entorno tecnológico que cambia rápidamente, los modelos de negocio deben ser lo suficientemente flexibles para adaptarse a nuevas tecnologías y regulaciones. Esto requiere una inversión continua en innovación y desarrollo.

La transparencia y la confianza son fundamentales para la sostenibilidad. Los modelos de datos deben construir y mantener la confianza de los usuarios, siendo transparentes sobre cómo se recopilan y utilizan los datos. Esto es esencial para la aceptación a largo plazo de los modelos de monetización de datos por parte de los consumidores.

Además, la sostenibilidad de los modelos de datos también implica una gestión eficiente de los recursos. Esto incluye el uso eficiente de la infraestructura de datos y la minimización del impacto ambiental de las operaciones de datos.

Por último, los modelos de datos sostenibles deben considerar el equilibrio entre la innovación y la privacidad del usuario. Encontrar formas de aprovechar los datos para la innovación, respetando al mismo tiempo la privacidad y los derechos de los usuarios, será clave para el éxito y la viabilidad a largo plazo de estos modelos.

6. El Poder de los Datos en la Valoración de las Redes Sociales

Este capítulo profundiza en cómo los datos personales afectan la valoración de mercado de las redes sociales y startups. A través de casos de estudio, se examina el impacto económico y las consideraciones éticas y regulatorias asociadas con la valoración basada en datos.

Datos como Activos en la Valoración de Mercado

Los datos como activos en la valoración de mercado representan un componente crítico en la economía digital actual. Los datos recopilados por las redes sociales y otras plataformas digitales se han convertido en un recurso valioso, esencial para estrategias de negocio, marketing y toma de decisiones. La cantidad y calidad de los datos recopilados pueden influir directamente en el valor de mercado de una empresa, ya que proporcionan insights cruciales sobre el comportamiento y las preferencias de los usuarios.

El valor de los datos no reside solo en su volumen, sino también en su relevancia y unicidad. Datos exclusivos o altamente especializados pueden ser extremadamente valiosos, especialmente si ofrecen perspectivas únicas o accesos a nichos de mercado difíciles de alcanzar. Las empresas que poseen datos detallados y específicos pueden obtener una ventaja competitiva significativa, lo que se refleja en su valoración de mercado.

Sin embargo, la valoración basada en datos también implica desafíos significativos. La protección de la privacidad y la seguridad de los datos es primordial, y el incumplimiento de estas puede afectar negativamente la valoración de una empresa. Además, la dependencia excesiva de los datos puede llevar a vulnerabilidades en caso de cambios regulatorios o fluctuaciones en las tendencias del mercado.

La gestión eficaz de los datos se ha convertido en un factor clave en la valoración de las empresas. Esto incluye no solo la capacidad de recopilar y almacenar datos, sino también de analizarlos y convertirlos en acciones y estrategias comerciales efectivas. Las empresas que demuestran una gestión de datos superior, junto con una sólida ética de datos y prácticas de cumplimiento, son a menudo más valoradas.

Por último, en el futuro, se espera que el valor de los datos siga aumentando, a medida que nuevas tecnologías y metodologías para analizar y monetizar estos activos sigan emergiendo. La habilidad para no solo recolectar sino también interpretar y utilizar datos de manera innovadora será un diferenciador clave en la valoración de mercado de las empresas en el ámbito digital.

Casos de Estudio: Startups y Valoraciones de Bolsa

Para el análisis de "Casos de Estudio: Startups y Valoraciones de Bolsa", vamos a considerar ejemplos históricos notables que ilustren cómo los datos han jugado un papel crucial en sus valoraciones y éxito en el mercado. Estos casos, aunque no son recientes, siguen siendo relevantes para entender la dinámica del mercado actual:

Facebook: Una de las historias más destacadas en la valoración de startups basada en datos es la de Facebook. Desde su salida a bolsa en 2012, Facebook ha demostrado cómo los datos de los usuarios pueden ser utilizados para generar ingresos publicitarios masivos. Su modelo de negocio centrado en datos ha sido un factor clave en su valoración de mercado. También una de las controversias más grandes de la historia ocurrió con Facebook y tienen que ver con las elecciones de Donald Trump en 2016. Se supo que la plataforma de Facebook fue utilizada para dirigir estratégicamente la publicidad y la información basada en los datos de los usuarios. La compañía Cambridge Analytica, que trabajó en la campaña de Trump, accedió a datos de millones de usuarios de Facebook, lo que les permitió desarrollar perfiles detallados del electorado y dirigir anuncios y mensajes políticos de manera muy específica. Este caso destaca la poderosa influencia de los datos en la política moderna y cómo pueden ser utilizados para influir en la opinión pública. Además, generó un intenso debate sobre la privacidad de los datos, el consentimiento de los usuarios y la responsabilidad de las plataformas como Facebook en la gestión de la información. El escándalo subrayó la necesidad de una mayor transparencia y regulación en la forma en que se recopilan y utilizan los datos personales, especialmente en el contexto político.

Twitter: Otra empresa que ha destacado por su uso de datos es Twitter. A pesar de tener menos usuarios que Facebook, Twitter ha sabido monetizar su plataforma a través de datos para publicidad dirigida y análisis de tendencias, lo que ha influenciado positivamente su valoración en el mercado. Uno de los temas más impactantes en cuanto a la valoración fue el de Twitter y su adquisición por parte de Elon Musk, lo cual destaca la complejidad de valorar empresas de redes sociales. Musk adquirió Twitter por $44 mil millones, una cifra que supera significativamente las valoraciones tradicionales basadas en ingresos y beneficios. Este caso resalta cómo los factores no financieros, como la influencia cultural y política de una plataforma y el poder de los datos que maneja, pueden influir en su valoración. La percepción de Musk sobre el valor real de Twitter, que mencionó como menor a la mitad de lo pagado, subraya la dificultad de valorar estas empresas en un mercado en constante cambio. La situación de Twitter muestra cómo la valoración de las empresas de redes sociales puede estar fuertemente influenciada por factores más allá de sus estados financieros, incluyendo su posición estratégica, influencia social y potencial para el cambio estructural y sobre todo la información que maneja su enorme cantidad de clientes.

Snap Inc.: La empresa detrás de Snapchat, Snap Inc., es otro ejemplo interesante. A pesar de tener desafíos en términos de rentabilidad, la valoración de la empresa ha sido significativamente alta, en gran parte debido a su atractivo entre los usuarios más jóvenes y su enfoque innovador en la publicidad basada en datos.

LinkedIn: LinkedIn, antes de ser adquirida por Microsoft, mostró cómo los datos profesionales y de networking pueden ser monetizados eficazmente. Su modelo de negocio, centrado en datos de networking profesional, fue crucial para su alta valoración en el mercado. La adquisición de LinkedIn por Microsoft en 2016 por aproximadamente $26.2 mil millones fue notable en varios aspectos. Microsoft pagó una prima significativa sobre la valoración de mercado de LinkedIn en ese momento. Esta compra reflejó la apuesta de Microsoft en la sinergia entre sus propias operaciones y la vasta red de profesionales y datos de LinkedIn. La idea era integrar los datos de LinkedIn con las herramientas de productividad y comunicación de Microsoft, buscando así un beneficio a largo plazo más que un retorno financiero inmediato. La valoración y el precio pagado por Microsoft indican cómo las grandes corporaciones pueden valorar los activos de datos y las redes profesionales más allá de los beneficios actuales, enfocándose en el potencial estratégico y futuro.

Uber: Aunque no es una red social en el sentido tradicional, Uber es un ejemplo de cómo los datos pueden transformar una industria entera. La valoración de Uber se ha visto impulsada por su capacidad para utilizar datos para optimizar rutas, precios y la experiencia del usuario. Estaremos analizando este tipo de empresas que no son redes sociales en nuestra próxima sección: Más Allá de las Redes Sociales.

Estos casos ilustran la variedad de formas en que las startups han utilizado datos para aumentar su valoración de mercado. Cada una ofrece lecciones únicas sobre la importancia de los datos en la estrategia empresarial moderna.

Impacto Económico de los Datos

El impacto económico de los datos en el mundo empresarial y económico es enorme y multifacético. Primero, los datos están impulsando nuevas formas de innovación y creación de valor en casi todas las industrias, desde la salud hasta las finanzas. Las empresas que pueden analizar y utilizar eficazmente grandes volúmenes de datos tienen una ventaja competitiva significativa, lo que se refleja en su crecimiento y rentabilidad.

En segundo lugar, los datos están redefiniendo las estrategias de marketing y ventas. La capacidad de entender y predecir el comportamiento del consumidor a través del análisis de datos permite una personalización y eficiencia sin precedentes en la publicidad y la relación con el cliente.

Tercero, los datos están generando nuevas oportunidades de negocio y modelos de ingresos. Modelos como Data as a Service

(DaaS) y el análisis predictivo están abriendo nuevas vías de monetización para empresas de todos los tamaños.

Cuarto, el impacto económico de los datos también plantea desafíos, como la necesidad de proteger la privacidad del usuario y asegurar la seguridad de los datos. Las empresas deben invertir en tecnologías de seguridad y cumplir con regulaciones cada vez más estrictas, lo que puede representar un costo significativo.

Por último, los datos están impulsando la toma de decisiones basada en evidencia en los niveles más altos de las organizaciones. Las decisiones estratégicas y operativas respaldadas por datos sólidos pueden llevar a una eficiencia operativa mejorada y a un mejor posicionamiento en el mercado.

Ética en la Valoración de Datos

La ética en la valoración de datos es un tema crítico en la era digital. En primer lugar, las empresas deben considerar la privacidad y el consentimiento de los usuarios al recopilar y usar datos. Esto implica no solo cumplir con las leyes de protección de datos, sino también respetar las expectativas éticas de los usuarios.

En segundo lugar, hay una responsabilidad en garantizar que los datos no se utilicen de manera que perpetúe sesgos o discriminación. Esto requiere un análisis cuidadoso y la implementación de prácticas que minimicen los sesgos en los algoritmos y en la recopilación de datos.

Tercero, la transparencia en cómo se valoran y utilizan los datos es fundamental. Las empresas deben ser claras sobre sus métodos de recopilación de datos y cómo estos influyen en sus valoraciones y decisiones.

Cuarto, debe haber una consideración sobre el impacto social más amplio de la monetización de datos. Las empresas deben evaluar cómo sus prácticas de datos afectan no solo a los usuarios individuales, sino también a la sociedad en general.

Por último, la ética en la valoración de datos también implica la sostenibilidad a largo plazo. Las empresas deben buscar maneras de utilizar los datos que no solo sean rentables, sino que también sean sostenibles y responsables desde el punto de vista social y ambiental.

Regulación y Transparencia en la Valoración

La regulación y transparencia en la valoración de datos son fundamentales en el entorno empresarial actual. Primero, las regulaciones como el GDPR y el CCPA establecen estándares claros sobre cómo se deben manejar los datos, lo que afecta directamente la valoración de los datos por parte de las empresas.

En segundo lugar, la transparencia es clave para mantener la confianza del usuario. Las empresas deben ser claras sobre cómo recopilan y utilizan los datos, y cómo esto afecta su valoración y operaciones.

Tercero, el cumplimiento normativo no solo es una cuestión legal, sino también un factor que influye en la percepción del mercado y los inversores sobre el valor de una empresa.

Cuarto, las empresas enfrentan el desafío de equilibrar la innovación en la monetización de datos con el cumplimiento de estas regulaciones, lo que requiere una adaptación constante a un entorno legal en evolución.

Por último, la transparencia y regulación adecuadas pueden conducir a un mejor entendimiento del valor real de los datos, beneficiando tanto a las empresas como a los usuarios y la sociedad en general.

El Futuro del Valor de los Datos

El futuro del valor de los datos promete ser un aspecto definitorio en la evolución de la economía digital. Primero, el aumento en la cantidad y variedad de datos generados por dispositivos conectados y tecnologías emergentes como el IoT y la IA, augura un crecimiento exponencial en el valor potencial de los datos. Estos datos ofrecerán insights más profundos y personalizados, ampliando las oportunidades para la innovación en productos y servicios.

En segundo lugar, el avance en tecnologías de análisis y procesamiento de datos permitirá una comprensión más sofisticada y detallada de vastos conjuntos de datos. Esto impulsará el valor de los datos, no solo en términos de la cantidad de información, sino también en su calidad y aplicabilidad.

Tercero, se espera que la demanda de transparencia y privacidad de los datos por parte de los usuarios siga aumentando. Esto influirá en cómo las empresas recopilan, manejan y valoran los datos. Aquellas capaces de equilibrar eficazmente la monetización de datos con el respeto a la privacidad y la ética posiblemente obtendrán una ventaja competitiva.

Cuarto, la regulación jugará un papel crucial en el futuro del valor de los datos. Las regulaciones futuras podrían restringir o facilitar la forma en que las empresas acceden y utilizan los datos, afectando su valoración y estrategias de monetización.

Quinto, la innovación en la monetización de datos probablemente se acelerará. Veremos el desarrollo de nuevos modelos de negocio y estrategias que aprovechen los datos de formas innovadoras, lo que podría cambiar radicalmente el panorama empresarial.

Por último, la creciente conciencia sobre la importancia y el valor de los datos personales podría conducir a un cambio en la propiedad de los datos, con los usuarios buscando una mayor participación en la monetización de su información personal. Esto podría dar lugar a nuevos modelos de intercambio de valor entre usuarios y empresas.

7. Resumen de la Sección III

A lo largo de esta sección exploramos cómo las plataformas digitales recopilan datos de usuarios, destacando la importancia del análisis y perfilado de usuarios y las cuestiones éticas involucradas. También analizamos cómo la publicidad digital se personaliza a través de los datos, evaluando su eficacia y el impacto en la experiencia del usuario, luego discutimos los desafíos de privacidad en la era digital y el impacto de las regulaciones globales como el GDPR en las estrategias de negocio. Investigamos modelos de negocio innovadores en la monetización de datos, como Data as a Service (DaaS), y su impacto en diversas industrias. Proyectamos las tendencias emergentes en tecnología y datos, y cómo influirán en la monetización futura. Por último, examinamos cómo los datos personales afectan la valoración de mercado de las redes sociales y startups, con un enfoque en casos de estudio y consideraciones éticas y regulatorias.

IV. MÁS ALLÁ DE LAS REDES SOCIALES

*E*n esta sección nos proponemos abordar en profundidad cómo el comercio electrónico y los servicios relacionados han incorporado el uso de datos personales en sus operaciones. Nuestro enfoque se centrará en el análisis detallado del uso innovador de datos en estos sectores, poniendo especial énfasis en las implicaciones éticas de la venta de información de clientes y el impacto social que esto conlleva. Investigaremos cómo estas prácticas afectan no solo a las empresas, sino también a los consumidores y a la sociedad en general, analizando las dinámicas cambiantes en la relación entre empresas y usuarios en la era digital. Nuestro objetivo es ofrecer una visión exhaustiva y crítica de estos desarrollos, proporcionando un análisis reflexivo y detallado que sirva como guía para comprender las complejidades y desafíos de la monetización de datos en el comercio y servicios más allá de las redes sociales.

1. Comercio Electrónico y Datos Personales

En este capítulo describimos la transformación histórica del comercio electrónico, enfocándonos en cómo los datos han impulsado esta evolución, desde sus inicios hasta la actualidad. Exploramos el impacto de las tecnologías emergentes y cómo han redefinido la experiencia de compra en línea.

Evolución del Comercio Electrónico

Inicialmente, el comercio electrónico comenzó como una forma alternativa y novedosa de comprar y vender productos, limitado en gran medida por las capacidades tecnológicas y la desconfianza del consumidor. Las preocupaciones sobre la seguridad en línea y la falta de familiaridad con las compras digitales eran obstáculos significativos. Sin embargo, con el tiempo, estos desafíos se superaron gracias a mejoras en la infraestructura de seguridad en Internet y una mayor familiaridad y comodidad de los usuarios con las transacciones en línea.

A medida que la tecnología avanzaba, especialmente con la llegada de la analítica de datos y la inteligencia artificial, el comercio electrónico experimentó una transformación radical. Los datos de los usuarios, recolectados a través de sus interacciones y comportamientos en línea, comenzaron a utilizarse para personalizar la experiencia de compra. Esto no solo mejoró la eficiencia de las ventas en línea, sino que también permitió a las empresas obtener una comprensión más profunda de las necesidades y preferencias de sus clientes.

Este enfoque centrado en los datos también llevó a una revolución en la logística y la gestión de inventarios. La capacidad de predecir la demanda, optimizar las cadenas de suministro y personalizar el marketing y las recomendaciones de productos se convirtió en una ventaja competitiva clave para las empresas de comercio electrónico.

Hoy en día, el comercio electrónico está profundamente arraigado en la vida cotidiana, con una integración casi total en los hábitos de consumo de la sociedad. La evolución continua, impulsada por avances tecnológicos como el aprendizaje automático, la realidad aumentada y el Big Data, promete aún más personalización y eficiencia. La frontera futura del comercio electrónico parece estar orientada hacia una integración aún mayor de la tecnología de datos, ofreciendo experiencias de compra aún más intuitivas, personalizadas y satisfactorias para los usuarios.

Recopilación de Datos en Plataformas de E-commerce

La recopilación de datos en plataformas de e-commerce ha revolucionado la manera en que los negocios entienden y se relacionan con sus clientes. Inicialmente, el enfoque estaba en datos básicos como nombres, direcciones y preferencias explícitas. Con el tiempo, estas plataformas comenzaron a recoger datos más sofisticados, como patrones de navegación e historial de compras, utilizando tecnologías como cookies y seguimiento de comportamiento en línea. Esta información permitió a las empresas no solo personalizar la experiencia del usuario, sino también predecir tendencias y preferencias futuras.

El análisis avanzado y el uso de inteligencia artificial han llevado esta recopilación a un nivel superior. Las plataformas ahora pueden identificar patrones complejos y preferencias ocultas de los usuarios, lo que resulta en recomendaciones altamente personalizadas y estrategias de marketing dirigidas. Esta capacidad de análisis detallado no solo mejora la experiencia del usuario, sino que también aumenta la eficiencia operativa y las ventas.

Sin embargo, esta intensiva recopilación de datos plantea importantes preocupaciones sobre la privacidad y la seguridad. Las plataformas de e-commerce deben equilibrar la necesidad de recolectar datos con el respeto a la privacidad del usuario. Esto implica implementar prácticas transparentes y seguras para el manejo de datos, así como asegurar el consentimiento claro y la opción de optar por no participar para los usuarios.

La integración de datos de terceros añade otra dimensión a la recopilación de datos en e-commerce. Al combinar la información propia con datos externos, las plataformas pueden obtener una comprensión aún más completa de sus clientes. Sin embargo, esto también requiere una gestión cuidadosa para garantizar la precisión de los datos y el respeto a las normativas de privacidad. Mirando hacia el futuro, la recopilación de datos en e-commerce continuará evolucionando con tecnologías emergentes como el Internet de las Cosas (IoT) y el aprendizaje automático. Estas innovaciones prometen transformar aún más la forma en que las empresas interactúan con los clientes, ofreciendo oportunidades para una personalización aún más profunda y experiencias de usuario mejoradas.

En resumen, la recopilación de datos en plataformas de e-commerce es un campo dinámico que equilibra la innovación tecnológica con la privacidad y seguridad del usuario. Las empresas que logren este equilibrio no solo mejorarán la experiencia del cliente, sino que también establecerán un modelo sostenible y ético para el futuro del comercio electrónico.

Impacto de los Análisis Predictivos en Ventas Online

El impacto de los análisis predictivos en las ventas online ha significado una revolución en el comercio electrónico. Primero, estos análisis aprovechan los datos históricos y las tendencias de comportamiento del consumidor para prever futuras demandas y preferencias. Esto permite a las plataformas ajustar sus inventarios y estrategias de marketing de manera más eficiente.

En segundo lugar, los análisis predictivos mejoran la experiencia del cliente al personalizar las recomendaciones de productos. Al analizar el historial de compras y las interacciones en línea, las plataformas pueden ofrecer sugerencias que se alinean estrechamente con los intereses individuales de los usuarios.

Tercero, estos análisis también ayudan a identificar potenciales nuevas áreas de mercado y oportunidades de productos, permitiendo a las empresas expandir sus ofertas y alcanzar nuevos segmentos de clientes. Esta anticipación de tendencias de mercado se convierte en una herramienta vital para mantener la competitividad.

Cuarto, enfrentamos desafíos en los análisis predictivos, especialmente en evitar sesgos y garantizar la precisión. Un enfoque cuidadoso y ético en la interpretación de los datos es crucial para mantener la confiabilidad de estos sistemas.

Quinto, la integración de tecnologías avanzadas como el aprendizaje automático promete llevar los análisis predictivos a nuevos niveles de sofisticación. Esto podría resultar en una comprensión aún más profunda del comportamiento del cliente y en la optimización de las operaciones de e-commerce.

Finalmente, el futuro de los análisis predictivos en las ventas online apunta hacia un mayor grado de personalización y eficiencia operativa. A medida que la tecnología evoluciona, las plataformas de e-commerce que mejor integren y utilicen estos análisis estarán mejor posicionadas para ofrecer experiencias excepcionales a sus clientes y maximizar sus ingresos.

Privacidad y Seguridad en el Comercio Electrónico

La privacidad y seguridad en el comercio electrónico es un tema crítico que requiere un enfoque multidimensional para su comprensión y aplicación efectiva.

Primero, la base de la seguridad en el e-commerce radica en la protección de los datos personales del usuario. Esto incluye medidas como el cifrado de datos, autenticación segura y protocolos de seguridad robustos para prevenir el acceso no autorizado o la filtración de información sensible.

En segundo lugar, la privacidad de los usuarios es un aspecto crucial. Las plataformas de comercio electrónico deben asegurar que los datos personales se recolecten y utilicen de manera transparente y con el consentimiento explícito del usuario. La implementación de políticas de privacidad claras y comprensibles es esencial para fomentar la confianza del usuario.

Tercero, el cumplimiento de normativas como el GDPR y el CCPA es vital. Estas regulaciones imponen directrices estrictas sobre cómo deben gestionarse los datos personales, obligando a las empresas a revisar y adaptar sus prácticas de recopilación y uso de datos.

Cuarto, enfrentar los retos de la seguridad en línea, como el phishing y otros ataques cibernéticos, es una tarea continua. Las plataformas de e-commerce deben estar siempre vigilantes y actualizar sus sistemas de seguridad para proteger tanto a los usuarios como a sí mismas de amenazas emergentes.

Quinto, la educación del usuario juega un papel importante. Informar a los clientes sobre cómo pueden proteger sus datos personales y reconocer posibles fraudes ayuda a crear un entorno más seguro para todos.

Por último, mirando hacia el futuro, es crucial que las plataformas de comercio electrónico continúen innovando en seguridad y privacidad. La evolución tecnológica constante exige una adaptación continua para enfrentar nuevos desafíos y garantizar un entorno de comercio electrónico seguro y confiable.

Casos de Estudio: Uso Innovador de Datos en E-commerce

A continuación exploramos varios ejemplos o casos hipotéticos que ilustran el uso innovador y efectivo de datos en el ámbito del comercio electrónico.

El primer caso involucra una plataforma de e-commerce que implementó el aprendizaje automático para personalizar las recomendaciones de productos. Utilizando datos de compra y navegación de los usuarios, la plataforma es capaz de mostrar productos más relevantes, lo que resulta en un incremento notable de las ventas y una mejora en la experiencia del cliente. Esta personalización no solo aumenta la satisfacción del usuario, sino que también fortalece la lealtad hacia la marca.

El segundo ejemplo detalla cómo una empresa de comercio electrónico utiliza análisis predictivo para optimizar su cadena de suministro. Analizando patrones de compra y datos de inventario, la compañía ajusta su logística y gestión de stock, reduciendo costes y mejorando la eficiencia en la entrega de productos. Esta estrategia demuestra ser efectiva para anticipar la demanda del mercado y minimizar el exceso o la falta de inventario.

Otro caso interesante es el de una empresa que integre datos de comportamiento en línea con información de redes sociales para perfeccionar sus estrategias de marketing. Esta integración permite a la compañía dirigir sus campañas publicitarias de forma más precisa y aumenta significativamente la conversión de ventas.

Un cuarto caso examina cómo una plataforma puede mejorar su servicio al cliente a través del análisis de datos. Al estudiar las consultas y comentarios de los usuarios, la empresa identifica áreas clave para mejorar y responder de manera más efectiva a las necesidades de sus clientes, lo que mejora significativamente la satisfacción y retención del cliente.

En el quinto caso, vemos cómo una plataforma de e-commerce innova en su política y proceso de devoluciones. Analizando los datos de devoluciones anteriores, la empresa puede implementar un sistema más eficiente que reduce los costos operativos y mejora la experiencia del cliente, facilitando un proceso más sencillo y rápido para las devoluciones.

Estos casos destacan cómo el uso estratégico e innovador de los datos puede transformar múltiples aspectos del e-commerce, desde la personalización de productos hasta la eficiencia operativa y la satisfacción del cliente. Ilustran la importancia de una recolección y análisis de datos efectivos para el éxito en el competitivo mundo del comercio electrónico.

2. Servicios de Entrega y Análisis de Datos

A continuación investigamos cómo los servicios de entrega han incorporado el análisis de datos para mejorar la eficiencia y la personalización. Discutimos las innovaciones en logística y su efecto en la experiencia del cliente.

Dinámica del Mercado de Entregas

La dinámica del mercado de entregas ha experimentado un cambio significativo debido a la integración de análisis de datos. En primer lugar, la industria de servicios de entrega ha visto un crecimiento acelerado, impulsado por el auge del comercio electrónico. Esta expansión ha llevado a una mayor demanda de servicios de entrega eficientes y personalizados.

En segundo lugar, el análisis de datos ha permitido a las empresas de entrega optimizar rutas y tiempos. Utilizando algoritmos avanzados, estas empresas pueden analizar patrones de tráfico y preferencias de los clientes para mejorar la eficiencia y reducir los costos operativos.

Tercero, los datos también han facilitado la personalización en los servicios de entrega. Las empresas pueden ahora ofrecer opciones de entrega más flexibles, adaptándose a las necesidades y horarios de los clientes, lo que mejora significativamente la experiencia del usuario.

Cuarto, el manejo de desafíos logísticos se ha vuelto más sofisticado gracias al análisis de datos. Las empresas pueden prever la demanda, gestionar mejor sus inventarios y coordinar de manera más efectiva con los proveedores.

Quinto, la adopción de tecnologías emergentes como el Internet de las Cosas (IoT) y la inteligencia artificial está revolucionando aún más el sector. Estas tecnologías no solo mejoran la recopilación y análisis de datos, sino que también abren la puerta a innovaciones como la entrega autónoma.

Finalmente, se anticipa que el futuro del mercado de entregas continuará evolucionando con un mayor enfoque en la sostenibilidad y la eficiencia, guiado por un análisis de datos más profundo y preciso. La integración continua de nuevas tecnologías y la adaptación a las cambiantes expectativas de los clientes modelarán el desarrollo futuro de este mercado.

Recopilación de Datos en Servicios de Entrega

La recopilación de datos en servicios de entrega se ha vuelto fundamental para la eficiencia operativa y la mejora de la experiencia del cliente. Los servicios de entrega modernos utilizan diversos métodos para recopilar datos que van desde la ubicación GPS y el estado de los paquetes hasta las preferencias específicas de los clientes. Estos datos permiten optimizar las rutas de entrega y personalizar los servicios según las necesidades del cliente.

Uno de los aspectos más cruciales es la capacidad de rastrear en tiempo real. Esto no solo mejora la eficiencia en la entrega, sino que también proporciona a los clientes actualizaciones constantes sobre el estado de sus pedidos. La recopilación de datos geoespaciales y de tráfico ayuda en la planificación de rutas, lo que a su vez minimiza los retrasos y maximiza la satisfacción del cliente.

Otro aspecto importante es la recolección de datos de comportamiento del consumidor. Estos datos incluyen, pero no se limitan a, horarios preferidos de entrega, ubicaciones y métodos de recepción. Al entender estas preferencias, las empresas de entrega pueden ofrecer soluciones más personalizadas que se traducen en una mejor experiencia del cliente.

Además, los datos recopilados se utilizan para análisis predictivos, lo que es crucial para la gestión de inventarios y la preparación para la demanda fluctuante. Estos análisis ayudan a prever picos de demanda, como durante temporadas de vacaciones o eventos especiales, permitiendo a las empresas ajustar su capacidad y recursos de manera proactiva.

La recopilación de datos también desempeña un papel vital en la mejora continua y la solución de problemas. Analizar los datos de entregas pasadas, incluyendo incidentes o retrasos, permite identificar áreas de mejora y desarrollar estrategias para aumentar la eficiencia general.

Finalmente, mientras que la recopilación de datos ofrece numerosos beneficios, también plantea desafíos significativos en términos de privacidad y seguridad. Las empresas de entrega deben manejar los datos recopilados con el máximo cuidado, asegurando la protección de la información personal del cliente y cumpliendo con las regulaciones de privacidad y seguridad de datos.

En resumen, la recopilación de datos en los servicios de entrega ha transformado la industria, permitiendo una mayor eficiencia, personalización y satisfacción del cliente, a la vez que presenta desafíos que deben abordarse cuidadosamente.

Personalización y Eficiencia Logística

La personalización y eficiencia logística en los servicios de entrega, potenciada por el análisis de datos, es clave para el éxito en el comercio electrónico moderno. Los servicios de entrega utilizan datos para personalizar la experiencia del cliente, ofreciendo opciones de entrega que se adaptan a sus horarios y preferencias personales. Esta personalización aumenta la satisfacción del cliente y fomenta la lealtad a la marca.

En términos de eficiencia logística, los datos permiten a las empresas optimizar sus rutas de entrega y gestionar sus inventarios de manera más efectiva. Al analizar patrones de tráfico, condiciones meteorológicas y demanda de los clientes, las empresas pueden reducir significativamente el tiempo de entrega y los costes operativos. Esto no solo mejora la experiencia del cliente, sino que también aumenta la rentabilidad de la empresa.

La tecnología emergente, como el IoT y la inteligencia artificial, juega un papel crucial en la recopilación y análisis de estos datos. Estas tecnologías permiten una mayor precisión en la predicción de la demanda y una mejor respuesta a las necesidades logísticas cambiantes.

Además, la eficiencia logística también se ve mejorada por la capacidad de predecir problemas y responder proactivamente antes de que afecten al cliente. Esto incluye la gestión de incidencias en tiempo real y la capacidad de ajustar las operaciones de forma dinámica para evitar retrasos.

En resumen, la combinación de personalización y eficiencia logística, impulsada por análisis de datos avanzados, está definiendo el futuro de los servicios de entrega. Las empresas que adopten estas prácticas no solo mejoran su servicio al cliente, sino que también establecen una ventaja competitiva sostenible en el mercado.

Implicaciones de Privacidad en Servicios de Entrega

La personalización y eficiencia logística en servicios de entrega, potenciadas por el análisis de datos, son cruciales en la era digital. En primer lugar, la personalización, basada en datos detallados del comportamiento y preferencias de los clientes, permite ofrecer opciones de entrega que se adaptan a sus necesidades individuales, mejorando la experiencia del cliente.

En segundo lugar, la eficiencia logística se ve mejorada significativamente mediante el uso de análisis de datos. Estos análisis permiten a las empresas optimizar rutas de entrega, reducir tiempos y costos, y prever la demanda para gestionar de manera proactiva los inventarios.

Tercero, la integración de tecnologías emergentes como la inteligencia artificial y el Internet de las Cosas (IoT) en los sistemas logísticos facilita la recopilación y el análisis de datos en tiempo real, lo que conduce a una mayor precisión en la planificación y ejecución de las entregas.

Cuarto, la adaptabilidad es un factor clave en la eficiencia logística. Los servicios de entrega utilizan datos para responder rápidamente a los cambios en las condiciones del mercado y las preferencias de los clientes, adaptando sus operaciones para mantener la eficiencia.

Quinto, se considera la sostenibilidad en la logística. Los análisis de datos ayudan a las empresas a identificar prácticas más eficientes y ecológicas, reduciendo la huella de carbono al tiempo que se mantienen eficientes.

Finalmente, la combinación de personalización y eficiencia logística, apoyada por análisis de datos, se perfila como un factor diferenciador clave en la competitividad de las empresas de servicios de entrega. Aquellas que logran implementar estas estrategias de manera efectiva pueden ofrecer un servicio superior y sostener un éxito a largo plazo en el mercado.

Tendencias Futuras en Servicios de Entrega y Datos

Las tendencias futuras en servicios de entrega y datos se centran en la innovación y la adaptación a las nuevas tecnologías y demandas del mercado. Primero, la integración de la inteligencia artificial y el aprendizaje automático continuará mejorando la eficiencia y precisión en la logística de entrega.

Segundo, el Internet de las Cosas (IoT) jugará un papel crucial en la recopilación de datos en tiempo real, permitiendo una gestión más dinámica y receptiva de las operaciones de entrega.

Tercero, se anticipa un aumento en la automatización y la utilización de vehículos de entrega autónomos, lo que podría revolucionar la manera en que se manejan las entregas, especialmente en áreas urbanas densas.

Cuarto, la sostenibilidad se convertirá en un factor aún más importante, con empresas buscando maneras de reducir su huella de carbono a través de prácticas logísticas más eficientes y vehículos ecológicos.

Quinto, la personalización y flexibilidad en las opciones de entrega se incrementarán, mejorando la experiencia del cliente y adaptándose a sus horarios y preferencias. Finalmente, la seguridad y privacidad de los datos seguirán siendo una prioridad, con las empresas implementando tecnologías avanzadas para proteger la información del cliente y cumplir con regulaciones más estrictas. Estas tendencias indican un futuro emocionante y en constante evolución para los servicios de entrega y la gestión de datos.

3. Venta de Información de Clientes: Beneficios y Riesgos

A continuación evaluaremos las implicaciones de vender información de clientes, analizando tanto los aspectos positivos para las empresas como las preocupaciones éticas y sociales que esto conlleva.

Contexto y Motivaciones para la Venta de Datos

Una de las motivaciones que tienen las empresas para la venta de su información es el valor económico de los datos en la era digital. Los datos proporcionan insights cruciales sobre comportamientos y preferencias de los consumidores, convirtiéndose en un activo valioso para las estrategias de negocio y marketing.

Además, la venta de datos permite a las empresas expandirse a nuevos mercados. Al entender mejor las tendencias y demandas emergentes, pueden adaptar y desarrollar productos o servicios para satisfacer necesidades específicas del mercado.

La presión competitiva en el mercado también juega un papel importante en esta decisión. En un entorno donde los datos son un recurso estratégico, vender información puede ser una vía para mantener o aumentar la ventaja competitiva.

No obstante, la venta de datos plantea preocupaciones éticas y de privacidad. Las empresas deben equilibrar los beneficios económicos con la responsabilidad de proteger la información personal de los clientes y cumplir con las regulaciones de privacidad.

La colaboración entre empresas es otra razón para la venta de datos. Compartir información puede llevar a la co-creación de productos o servicios innovadores, beneficiando a todas las partes involucradas.

Finalmente, mirando hacia el futuro, la venta de datos se está adaptando a un entorno regulador y de privacidad en constante cambio. Las empresas deben ser proactivas en la implementación de prácticas éticas y transparentes en la gestión de datos para mantener la confianza del cliente y cumplir con las normativas legales.

Impacto Social y Ético de la Venta de Datos

El impacto social y ético de la venta de datos es una cuestión cada vez más prominente en nuestra sociedad digital. La venta de datos personales, aunque lucrativa para las empresas, plantea importantes dilemas éticos relacionados con la privacidad y el consentimiento de los individuos. Estas prácticas pueden llevar a una erosión de la confianza del público y a preocupaciones sobre cómo se usa y potencialmente se abusa de esta información.

Además, existe el riesgo de que la venta de datos pueda contribuir a la discriminación y a la desigualdad. Los datos, especialmente cuando se utilizan para alimentar algoritmos, pueden perpetuar sesgos existentes si no se manejan cuidadosamente. Esto puede tener efectos adversos, particularmente en grupos vulnerables o marginados.

La seguridad de los datos es otro tema crítico. La acumulación de grandes cantidades de información personal aumenta el riesgo de violaciones de seguridad, lo que puede tener graves consecuencias para numerosos individuos.

El uso de datos personales también puede tener un impacto significativo en la dinámica social y política. La posibilidad de que la información personal se utilice para influir en el comportamiento y las opiniones públicas plantea interrogantes sobre la autonomía individual y la integridad de los procesos democráticos.

La regulación adecuada y la gobernanza de los datos son fundamentales para mitigar estos riesgos. Las políticas y leyes deben evolucionar para proteger los derechos de los individuos y fomentar un manejo ético de los datos por parte de las empresas.

Por último, las empresas tienen la responsabilidad de equilibrar sus objetivos comerciales con consideraciones éticas y sociales. Deben adoptar prácticas de manejo de datos que respeten no solo los derechos individuales, sino también el bienestar general de la sociedad, asegurando que su enfoque hacia la venta de datos sea ético y sostenible.

Regulaciones y Legislación Actual

En la actualidad, la regulación y legislación en torno a la venta y gestión de datos personales son áreas de intensa actividad y desarrollo. La Unión Europea, con el Reglamento General de Protección de Datos (GDPR), ha establecido un estándar global significativo. Este reglamento pone énfasis en el consentimiento claro de los usuarios, la transparencia en la recopilación y uso de los datos, y otorga a los individuos un mayor control sobre su información personal.

En Estados Unidos, la Ley de Privacidad del Consumidor de California (CCPA) es otro ejemplo importante. Aunque no tan exhaustiva como el GDPR, ofrece a los residentes de California derechos significativos sobre sus datos personales, incluyendo la opción de optar por no participar en la venta de sus datos.

A nivel mundial, diferentes países están implementando o actualizando sus legislaciones para abordar los desafíos de la privacidad y protección de datos en la era digital. Estas leyes varían en alcance y rigor, reflejando diferentes enfoques y prioridades nacionales.

Las empresas que operan en múltiples jurisdicciones enfrentan el desafío de navegar por un paisaje legal complejo y en constante cambio. Esto requiere una adaptación continua y una comprensión profunda de las leyes aplicables en cada mercado.

Sin embargo, existe una brecha entre la rápida evolución de la tecnología y las prácticas de manejo de datos y la legislación existente. Esto a menudo deja áreas grises y desafíos en la interpretación y aplicación de las leyes.

Mirando hacia el futuro, es probable que veamos un aumento en la colaboración internacional y esfuerzos por estandarizar la regulación de datos. Esto podría incluir esfuerzos para armonizar las diferentes legislaciones y abordar de manera más efectiva los desafíos emergentes asociados con la era digital y la economía de datos.

Casos Controversiales y Reacciones del Mercado

Vamos a explorar casos controversiales reales e hipotéticos y reacciones del mercado, centrándonos en empresas fuera del ámbito de las redes sociales.

Uber: Un caso emblemático es el de Uber, la conocida compañía de servicios de transporte por aplicación. Uber, desde sus inicios, ha sido una fuente de datos masivos, recopilando información detallada sobre las ubicaciones y los hábitos de viaje de sus usuarios. Uno de los problemas más notorios asociados con Uber fue el uso de la herramienta "God View", que permitía a ciertos empleados de la empresa rastrear los movimientos de los usuarios en tiempo real. Este caso atrajo la atención pública y críticas por la falta de respeto a la privacidad y el consentimiento de los usuarios. Además, Uber ha enfrentado otros desafíos relacionados con la seguridad de los datos, incluyendo incidentes de brechas de seguridad que expusieron la información personal de usuarios y conductores. Estos incidentes subrayaron la importancia crítica de proteger los datos personales y la necesidad de un manejo más ético y seguro de la información.

La respuesta del mercado a estos problemas fue significativa. Hubo un debate público amplio sobre la privacidad y la seguridad de los datos en la era digital, lo que llevó a un mayor escrutinio por parte de reguladores y autoridades. Este caso de Uber sirve como un recordatorio crucial de la responsabilidad que las empresas tecnológicas tienen en la protección y manejo ético de los datos personales.

Restaurante Hipotético: Explorando un caso hipotético en la industria de la restauración, consideremos un restaurante popular que implementa un sistema de pedidos en línea y comienza a recopilar datos detallados sobre las preferencias alimenticias, frecuencia de pedidos y ubicaciones de los clientes. La venta de estos datos a terceros, como empresas de marketing o proveedores de alimentos, podría haber generado beneficios económicos significativos para el restaurante. Estos ingresos adicionales podrían provenir de la venta directa de los datos o de asociaciones estratégicas con otras empresas interesadas en el comportamiento de los consumidores. Este flujo de ingresos adicional podría haberse utilizado para financiar mejoras en el restaurante, como la renovación de instalaciones o la expansión de su menú. Además, los insights obtenidos de los datos podrían haber ayudado al restaurante a optimizar sus operaciones y estrategias de marketing, mejorando así su eficiencia y rentabilidad.

Sin embargo, es crucial considerar que estos beneficios económicos deben equilibrarse con las responsabilidades éticas y legales relacionadas con la privacidad de los datos de los clientes. La transparencia y el consentimiento son esenciales para mantener la confianza del cliente y cumplir con las regulaciones de privacidad. Esta venta de datos podría generar una reacción negativa de sus clientes. Los clientes que originalmente compartieron su información con el restaurante con la expectativa de que se utilizara únicamente para mejorar el servicio de entrega, podrían sentirse traicionados al saber que sus datos personales y hábitos alimenticios se están vendiendo. Esto podría llevar a una pérdida de confianza en el restaurante y posiblemente resultar en una disminución de la clientela.

Además, tal práctica podría atraer la atención de reguladores y defensores de la privacidad, quienes podrían cuestionar la ética y legalidad de la venta de datos personales sin el consentimiento explícito de los clientes. Este escenario subraya la importancia de la transparencia y el consentimiento en la recopilación y uso de datos personales por parte de las empresas.

Cadena de Farmacias Hipotética: En un escenario hipotético, consideremos una cadena de farmacias que recopila datos a través de su programa de fidelización. Esta información podría incluir las compras de medicamentos, frecuencia de visitas y preferencias de productos de salud. Si esta cadena de farmacias decide vender estos datos a compañías farmacéuticas o de investigación, podría obtener beneficios económicos significativos.

La venta de datos podría proporcionar un flujo de ingresos adicional que la cadena podría utilizar para mejorar sus servicios, ampliar su gama de productos o invertir en tecnología avanzada para mejorar la experiencia del cliente. Sin embargo, esta práctica también podría desencadenar preocupaciones sobre la privacidad de los clientes, especialmente si no estuvieran plenamente conscientes o no hubieran dado su consentimiento explícito para la venta de sus datos. Este caso hipotético destaca la importancia de equilibrar los beneficios económicos con la responsabilidad ética y el respeto a la privacidad del cliente.

Las reacciones del mercado ante estos casos podrían incluir una disminución en la confianza del consumidor, protestas por la privacidad y posibles acciones legales o regulaciones gubernamentales. Estos ejemplos destacan la importancia de manejar los datos personales de manera ética y transparente, y cómo la venta de dichos datos puede tener implicaciones significativas para las empresas y sus clientes.

Estrategias para un Uso Ético de los Datos de Clientes

Es importante que las empresas manejen los datos personales de sus clientes de manera responsable y ética. La clave es centrarse en la transparencia y el consentimiento. Las empresas deben informar claramente a los clientes sobre qué datos se recopilan, cómo se usarán y con quién se podrían compartir.

Otro aspecto importante es garantizar la seguridad de los datos. Las empresas deben emplear medidas robustas para proteger la información personal de accesos y usos no autorizados.

Además, es crucial respetar la privacidad de los clientes. Esto incluye ofrecer opciones para optar por no participar en la recopilación de datos y respetar las preferencias de privacidad de los usuarios.

Las empresas también deben considerar la minimización de datos, recogiendo solo la información estrictamente necesaria para sus servicios y evitando la acumulación innecesaria de datos personales.

Por último, es importante que las empresas se comprometan a una revisión continua y al cumplimiento de las regulaciones de privacidad y protección de datos vigentes, adaptándose a las nuevas leyes y estándares a medida que surgen.

4. Confianza del Consumidor y Responsabilidad Corporativa

Este capítulo se centra en la importancia crítica de la confianza del consumidor en el contexto de la gestión de datos. Este capítulo explora cómo las prácticas de manejo de datos de una empresa influyen directamente en la percepción y lealtad de sus clientes. Se discute la necesidad de un enfoque ético y transparente en la recopilación y uso de datos personales, y cómo esto se alinea con la responsabilidad corporativa. Profundizamos en cómo las empresas pueden construir y mantener la confianza del consumidor a través de prácticas responsables, respetando la privacidad y la seguridad de los datos, y adaptándose a las expectativas cambiantes de los consumidores en la era digital. Este capítulo subraya que la gestión responsable de los datos no solo es una obligación legal y ética, sino también una estrategia empresarial crucial para fomentar relaciones duraderas y positivas con los clientes.

Relación entre Confianza del Consumidor y Uso de Datos

La relación entre la confianza del consumidor y el uso de datos por las empresas es una dinámica compleja y esencial en la economía actual. El manejo responsable y transparente de los datos personales es clave para ganar y mantener esta confianza. Cuando los clientes sienten que sus datos están seguros y se utilizan de manera ética, es más probable que mantengan una relación positiva con la empresa.

Primero, se debe considerar que la confianza del consumidor es frágil. Un solo incidente de mal manejo de datos puede dañar la percepción de la marca significativamente. Por lo tanto, las empresas deben ser proactivas en proteger la información personal de sus clientes, asegurando no solo su seguridad sino también su privacidad.

En segundo lugar, la transparencia es un factor crucial. Las empresas deben informar claramente a sus clientes sobre qué datos están recopilando, con qué propósito y cómo se protegen estos datos. La falta de transparencia puede llevar a desconfianza y preocupación entre los consumidores.

Tercero, el consentimiento informado es esencial. Los clientes deben tener el poder de decidir qué información comparten y cómo se utiliza. Las empresas deben facilitar opciones claras y accesibles para que los usuarios gestionen sus datos.

Cuarto, se aborda la importancia de cumplir con las leyes y regulaciones de protección de datos. El cumplimiento no solo es una obligación legal sino también una muestra de respeto hacia los consumidores y sus derechos.

Quinto, las empresas deben considerar las implicaciones a largo plazo de sus políticas de datos. Un enfoque centrado en el cliente y en la ética puede conducir a una lealtad duradera y a relaciones más sólidas con los consumidores.

Finalmente, se concluye que construir y mantener la confianza del consumidor en la era digital requiere un compromiso constante con la ética de datos, la seguridad y la transparencia. Las empresas que priorizan estos aspectos están mejor posicionadas para tener éxito en un mercado donde la confianza del consumidor es un activo invaluable.

Construyendo Transparencia en el Manejo de Datos

Construir transparencia en el manejo de datos es fundamental para las empresas modernas, ya que impacta directamente en la confianza del consumidor. Primero, la transparencia comienza con la comunicación clara sobre qué datos se recopilan y cómo se utilizan. Las empresas deben asegurarse de que sus políticas de datos sean accesibles y comprensibles para el usuario promedio.

En segundo lugar, es esencial que las empresas demuestren cómo protegen los datos recopilados. Esto incluye la implementación de medidas de seguridad robustas y la demostración de su efectividad.

Tercero, la transparencia también implica permitir a los consumidores un control significativo sobre sus datos. Esto incluye opciones claras para optar por no participar en ciertas formas de recopilación y uso de datos.

Cuarto, las revisiones y auditorías regulares de las prácticas de manejo de datos ayudan a las empresas a mantener la transparencia y a ajustarse a las nuevas regulaciones y expectativas.

Quinto, la transparencia no es solo una práctica de una sola vez; requiere un compromiso continuo y adaptación a las nuevas tecnologías y tendencias del mercado.

Finalmente, las empresas que priorizan la transparencia en el manejo de datos no solo cumplen con sus obligaciones legales y éticas, sino que también fortalecen su relación con los consumidores, construyendo una base de clientes leales y confiados.

Responsabilidad Corporativa en la Era de los Datos

La responsabilidad corporativa en la era de los datos es un tema de vital importancia en el mundo empresarial actual. Las empresas no solo deben enfocarse en la eficiencia y la rentabilidad, sino también en cómo su manejo de datos afecta a los clientes, a la sociedad y al entorno legal. En esta era de información masiva, las corporaciones tienen el deber de manejar los datos de manera ética y responsable.

La gestión ética de los datos implica respetar la privacidad y los derechos de los individuos. Las empresas deben ir más allá del mero cumplimiento legal; deben integrar prácticas que garanticen la seguridad y la confidencialidad de los datos personales. Esto incluye no solo proteger los datos contra accesos no autorizados, sino también asegurarse de que su uso y procesamiento se realicen de manera justa y transparente.

Además, la responsabilidad corporativa en la era de los datos conlleva una comunicación honesta y abierta con los consumidores sobre cómo se recopilan y utilizan sus datos. Esto significa proporcionar opciones claras y accesibles para que los usuarios gestionen su propia información, incluida la capacidad de optar por no participar en ciertas formas de recopilación y uso de datos.

Otra faceta clave es la adaptabilidad y la revisión continua de las políticas de datos. A medida que la tecnología y las regulaciones cambian, las empresas deben estar dispuestas a adaptar sus prácticas de manejo de datos para mantenerse alineadas con las nuevas expectativas y estándares.

La responsabilidad corporativa también implica considerar el impacto social más amplio de las prácticas de datos. Las empresas deben ser conscientes de cómo su manejo de datos puede influir en la sociedad y esforzarse por utilizar los datos de manera que promueva el bienestar general.

En resumen, las empresas en la era digital tienen una gran responsabilidad en el manejo de datos. Al adoptar un enfoque ético y responsable, las corporaciones no solo cumplen con sus obligaciones legales y morales, sino que también fortalecen su reputación y construyen una relación de confianza con sus clientes y la sociedad en general.

Gestionando la Reputación en un Entorno Data-Driven

La gestión de la reputación en un entorno impulsado por datos es un aspecto crucial para las empresas modernas. En la era digital, la percepción pública de una empresa puede ser significativamente influenciada por cómo maneja y utiliza los datos. Un enfoque responsable y ético en la gestión de datos no solo es una cuestión de cumplimiento normativo, sino también un componente esencial de la reputación corporativa.

Una gestión de datos eficiente y transparente puede reforzar la imagen positiva de una empresa. Al mostrar un compromiso genuino con la protección y el uso ético de los datos, las empresas pueden ganar la confianza y la lealtad de los clientes. Esto implica no solo proteger los datos contra amenazas externas, sino también garantizar que el uso interno de los datos se realice de una manera que respete la privacidad y los derechos de los individuos.

Además, la comunicación proactiva y transparente con los stakeholders es vital. Las empresas deben estar dispuestas a dialogar abierta y honestamente sobre sus prácticas de manejo de datos y estar preparadas para responder a cualquier preocupación o crítica.

El manejo proactivo de la reputación también incluye la preparación para crisis potenciales. En un entorno data-driven, las empresas deben tener planes de contingencia para abordar rápidamente cualquier problema de seguridad de datos o violaciones de privacidad que puedan surgir.

En última instancia, en un mundo cada vez más centrado en los datos, las empresas deben reconocer que su reputación está intrínsecamente vinculada a cómo gestionan y utilizan la información. Al adoptar un enfoque ético y responsable, no solo protegen su integridad, sino que también se posicionan como líderes confiables en su industria.

Casos de Éxito: Empresas que Equilibran Datos y Confianza

Aquí se resaltan resalta compañías que han logrado un equilibrio exitoso entre la gestión de datos y la construcción de confianza del consumidor. Estas empresas se destacan por su transparencia y responsabilidad en el manejo de datos personales, lo que les ha permitido construir relaciones sólidas y duraderas con sus clientes.

Una característica común de estas empresas es su compromiso con la protección de la privacidad. Han implementado políticas claras y efectivas de gestión de datos que respetan los derechos de los usuarios y aseguran la confidencialidad y seguridad de su información.

Otro aspecto clave es la comunicación abierta y honesta con los clientes sobre el uso de sus datos. Estas empresas proporcionan información clara sobre sus prácticas de recopilación y uso de datos, y ofrecen a los clientes opciones y control sobre su información personal.

Estos casos de éxito también demuestran un fuerte cumplimiento de las normativas de privacidad y protección de datos. Al adherirse a las leyes y regulaciones, estas empresas no solo evitan sanciones legales, sino que también refuerzan la confianza del cliente en su marca.

Además, estas compañías a menudo van más allá del cumplimiento, innovando en prácticas de gestión de datos que benefician tanto a la empresa como a sus clientes. Esto incluye el uso de análisis de datos para mejorar la experiencia del cliente y ofrecer productos y servicios personalizados.

Finalmente, estas empresas son ejemplos de cómo la integridad en la gestión de datos puede ser una ventaja competitiva significativa. Al equilibrar eficazmente la recolección de datos con la confianza y lealtad del cliente, han establecido modelos a seguir en el uso ético y responsable de la información en el mundo empresarial:

Apple: Frecuentemente elogiada por su enfoque en la privacidad y seguridad de los datos de los usuarios, con políticas estrictas y transparentes.
Microsoft: Con un fuerte compromiso hacia la privacidad y seguridad de datos, especialmente en sus servicios de nube y software empresarial.
Amazon: Reconocida por sus avanzados sistemas de análisis de datos para mejorar la experiencia del cliente, manteniendo al mismo tiempo un enfoque en la seguridad y privacidad de los datos.
Salesforce: Destacada por su plataforma de gestión de relaciones con clientes (CRM), que maneja grandes volúmenes de datos de manera segura y eficiente.
IBM: Con una larga historia de innovación en tecnología, IBM ha sido pionera en desarrollar soluciones de seguridad y privacidad de datos.

Estas empresas son ejemplos de cómo la adopción de políticas de transparencia y seguridad en la gestión de datos puede ayudar a construir y mantener la confianza del consumidor. Sin embargo, para obtener información actualizada y específica sobre otras empresas y sus prácticas, sería ideal consultar las últimas fuentes de noticias y análisis de la industria.

5. Futuro de la Monetización de Datos en Servicios

En este capítulo nos adentramos en la proyección de las tendencias futuras en la monetización de datos, considerando los avances tecnológicos y su impacto en las estrategias de negocio. Exploramos cómo las innovaciones en inteligencia artificial, aprendizaje automático y el Internet de las Cosas (IoT) están abriendo nuevas avenidas para la utilización de datos en servicios. Este capítulo analiza también los desafíos éticos y de privacidad que surgen con estas nuevas tecnologías y cómo las empresas pueden adaptarse para aprovechar al máximo las oportunidades de monetización de datos, manteniendo al mismo tiempo la confianza y lealtad de los clientes. Se discute el equilibrio entre la innovación en la monetización de datos y la responsabilidad corporativa, anticipando un futuro en el que la gestión de datos será aún más central para el éxito empresarial.

Innovaciones Emergentes en la Monetización de Datos

La irrupción de tecnologías como la inteligencia artificial (IA) y el Internet de las Cosas (IoT) está abriendo caminos para un análisis más profundo y sofisticado de grandes volúmenes de datos. Estas herramientas no solo permiten una segmentación y personalización más detalladas de los servicios, sino que también generan nuevas oportunidades para la creación de valor a partir de los datos.

La integración de la IA en la gestión de datos permite a las empresas anticipar necesidades y comportamientos de los clientes, ofreciendo un servicio más personalizado y mejorando la experiencia del usuario. Este enfoque proactivo en el uso de datos puede resultar en una mayor satisfacción del cliente y, por ende, en una fidelización más sólida.

El IoT, por su parte, está transformando la forma en que las empresas recopilan y utilizan datos. Con una cantidad cada vez mayor de dispositivos conectados, las empresas pueden obtener una visión más completa y en tiempo real del comportamiento del cliente. Esta información es invaluable para personalizar servicios y optimizar operaciones.

Sin embargo, con estas oportunidades vienen desafíos significativos, especialmente en términos de privacidad y seguridad de los datos. Las empresas deben navegar cuidadosamente estas preocupaciones, implementando prácticas de gestión de datos que sean tanto seguras como éticas.

Además, el panorama regulatorio en constante cambio presenta otro desafío para las empresas. Mantenerse al día con las leyes de protección de datos y privacidad es crucial para evitar sanciones y preservar la confianza del cliente.

En conclusión, las innovaciones en la monetización de datos ofrecen grandes oportunidades para las empresas en el sector de servicios. Sin embargo, el éxito en este nuevo paisaje dependerá de cómo las empresas equilibran la innovación tecnológica con la responsabilidad ética y el cumplimiento normativo.

El Rol de la IA y el Big Data en Servicios Futuros

La integración de la Inteligencia Artificial (IA) y el Big Data en los servicios representa un avance significativo hacia una mayor eficiencia y personalización. La IA, con su capacidad para procesar y aprender de grandes volúmenes de datos, está permitiendo a las empresas ofrecer soluciones adaptadas a las necesidades individuales de los clientes. Por ejemplo, en el sector de la salud, la IA puede analizar patrones de datos para predecir necesidades de atención médica, mejorando así la prevención y el tratamiento.

El Big Data, por su parte, proporciona una comprensión más profunda de los patrones de comportamiento de los consumidores. Esto es especialmente valioso en sectores como el comercio minorista, donde el análisis detallado del comportamiento de compra puede llevar a una mejor gestión del inventario y a estrategias de marketing más efectivas.

Sin embargo, el uso de la IA y el Big Data también plantea desafíos significativos, especialmente en términos de privacidad y seguridad de los datos. Las empresas deben asegurarse de que los datos personales se manejen de manera ética y segura, protegiendo la información contra accesos no autorizados y usos indebidos.

Además, existe el desafío de evitar sesgos en los algoritmos de IA. Los sistemas de IA se basan en los datos que se les alimentan, y si estos datos son sesgados, las decisiones y predicciones de la IA también lo serán. Por lo tanto, es crucial para las empresas asegurar la imparcialidad y equidad en sus sistemas de IA.

Otro aspecto por considerar es el impacto en el empleo. Mientras la IA y el Big Data pueden aumentar la eficiencia, también pueden llevar a la automatización de ciertos trabajos, lo que plantea preguntas sobre el futuro del trabajo y la necesidad de reentrenamiento y educación.

En resumen, el futuro de los servicios impulsado por la IA y el Big Data es prometedor, pero requiere un enfoque cuidadoso y responsable para maximizar sus beneficios y minimizar los riesgos potenciales. Las empresas que logren este equilibrio estarán a la vanguardia de la innovación en la prestación de servicios.

Desafíos y Oportunidades en la Próxima Década

Con el avance de la inteligencia artificial (IA) y el Big Data, las empresas se enfrentan a oportunidades sin precedentes para innovar y personalizar sus servicios. Sin embargo, estos avances también conllevan desafíos significativos, especialmente en términos de ética y privacidad de datos.

Una de las oportunidades más destacadas es la capacidad de utilizar el análisis predictivo para anticipar las necesidades y preferencias del cliente, permitiendo a las empresas adaptar sus servicios de manera más efectiva. Esta personalización puede mejorar significativamente la experiencia del usuario y abrir nuevas vías para la fidelización de clientes y el crecimiento del negocio.

Sin embargo, el manejo ético de grandes volúmenes de datos personales se ha convertido en un desafío crucial. Las preocupaciones sobre la privacidad y seguridad de los datos están en el centro de las discusiones públicas y regulatorias. Las empresas deben garantizar que la recopilación y uso de datos se realicen de manera transparente y con el consentimiento adecuado de los usuarios.

Además, la evolución de la tecnología y el panorama normativo plantea la necesidad de una adaptación constante. Las empresas deben estar preparadas para ajustar rápidamente sus estrategias de monetización de datos ante cambios en las regulaciones de privacidad y protección de datos.

Otro aspecto de considerar es el potencial impacto en el empleo. La automatización y la inteligencia artificial pueden llevar a una reestructuración significativa del mercado laboral, lo que plantea preguntas sobre la formación y recualificación de la fuerza laboral.

En resumen, la próxima década promete ser un periodo de cambios significativos y rápidos en la monetización de datos. Las empresas que logren navegar con éxito estos desafíos y aprovechar las oportunidades emergentes estarán bien posicionadas para liderar en la nueva era de los servicios digitales.

Escenarios Futuros: Predicciones y Tendencias

La continua evolución de la inteligencia artificial y el Big Data sugiere un aumento en la personalización y eficiencia de los servicios. Sin embargo, esto también podría intensificar los desafíos relacionados con la privacidad y seguridad de los datos. Se anticipa que la demanda de transparencia y control por parte de los usuarios seguirá creciendo, lo que podría llevar a cambios significativos en la forma en que las empresas interactúan con los datos personales.

Se espera que las innovaciones tecnológicas sigan impulsando el desarrollo de nuevos modelos de negocio, especialmente en sectores como la salud, el comercio minorista y los servicios financieros. La capacidad para analizar y actuar sobre grandes volúmenes de datos en tiempo real podría transformar radicalmente estos campos, ofreciendo servicios más personalizados y eficientes.

Sin embargo, estas tecnologías también traerán nuevos desafíos éticos. La creciente capacidad para predecir comportamientos y necesidades personales plantea importantes cuestiones sobre los límites de la privacidad y el consentimiento. Las empresas tendrán que equilibrar cuidadosamente la innovación con el respeto a la privacidad individual.

Además, la regulación y el cumplimiento normativo seguirán siendo aspectos cruciales. A medida que las leyes de protección de datos evolucionen para adaptarse a las nuevas tecnologías, las empresas deberán ser ágiles para mantenerse en cumplimiento y proteger su reputación.

El impacto en el empleo y en las habilidades requeridas también será un tema importante. La automatización y la inteligencia artificial cambiarán la naturaleza del trabajo en muchos sectores, lo que requerirá un enfoque renovado en la formación y desarrollo de habilidades.

En conclusión, los escenarios futuros para la monetización de datos están llenos de posibilidades emocionantes y desafíos significativos. Las empresas que puedan adaptarse rápidamente y mantener un enfoque ético estarán mejor posicionadas para prosperar en este dinámico entorno.

Preparándose para Cambios en la Legislación y la Sociedad

La legislación en materia de datos está en constante evolución, y es esencial que las empresas se mantengan informadas y flexibles. Esto incluye comprender no solo las leyes actuales, sino también las tendencias y debates en la sociedad que podrían influir en futuras regulaciones.

Una estrategia proactiva implica participar en el diálogo sobre legislación de datos y prácticas éticas, lo que puede ayudar a las empresas a anticipar y moldear los cambios en lugar de simplemente reaccionar a ellos. Además, la adaptabilidad en la infraestructura tecnológica y las políticas de datos permitirá a las empresas ajustar rápidamente sus prácticas en respuesta a nuevos requisitos legales.

El enfoque en la ética de datos y la responsabilidad social es igualmente crucial. Las empresas deben reconocer y abordar las preocupaciones del público sobre la privacidad y el uso de datos, lo que puede fortalecer su reputación y fomentar la confianza del consumidor.

Además, la formación y sensibilización continuas del personal sobre privacidad y seguridad de datos son fundamentales para garantizar un manejo responsable de la información en todos los niveles de la organización.

En última instancia, prepararse para los cambios legislativos y sociales significa adoptar una visión a largo plazo del manejo de datos, centrada en la sostenibilidad y el respeto a los derechos de los individuos. Las empresas que adopten este enfoque estarán mejor equipadas para navegar en el cambiante paisaje de la monetización de datos.

6. Ética y Privacidad: Hacia un Nuevo Paradigma en Servicios Digitales

A continuación profundizaremos en los desafíos éticos y de privacidad inherentes a la era digital. El capítulo propone un nuevo paradigma para el manejo responsable y ético de los datos personales, un aspecto crucial en el ámbito de los servicios digitales. Se explora la importancia de adaptarse a la evolución de las expectativas de privacidad y cómo estas están redefiniendo las relaciones entre empresas y consumidores. Se enfatiza en la necesidad de desarrollar políticas de datos sostenibles que no solo cumplan con las regulaciones actuales, sino que también anticipen futuros cambios en el panorama legal y ético. El capítulo destaca la importancia de integrar la ética y la privacidad en el modelo de negocio de las empresas, subrayando que esta integración es fundamental para construir confianza y sostenibilidad a largo plazo. Finalmente, se presentan visiones para un futuro más ético y transparente en la recopilación y uso de datos, enfocándose en cómo las empresas pueden liderar el camino hacia un manejo más responsable de la información personal.

Desafíos Éticos en la Recopilación de Datos

Estos desafíos surgen de la tensión entre el potencial de los datos para mejorar los servicios y la necesidad de proteger la privacidad y los derechos de los individuos. La recopilación masiva de datos puede ofrecer insights valiosos para personalizar y mejorar los servicios, pero también puede conducir a preocupaciones sobre la vigilancia y el uso indebido de la información personal.

Una preocupación ética clave es el consentimiento. Las empresas deben asegurarse de que los usuarios comprendan qué datos se están recogiendo y cómo se utilizarán. Esto implica ir más allá de los términos de servicio largos y complejos, hacia explicaciones más claras y accesibles.

Otro desafío ético es el uso justo de los datos. Las empresas deben evitar el uso discriminatorio de la información, asegurando que los algoritmos y las decisiones basadas en datos no perpetúen sesgos o injusticias.

Además, surge la cuestión del equilibrio entre beneficio y privacidad. ¿Hasta qué punto es aceptable recopilar y analizar datos personales en busca de eficiencia y personalización de servicios? Esta pregunta es especialmente relevante en contextos sensibles como la salud o la educación.

Por último, se considera el papel de la transparencia en la construcción de la confianza. Las empresas deben ser abiertas sobre sus métodos de recopilación y uso de datos para construir relaciones sólidas y basadas en la confianza con los usuarios.

En conclusión, los desafíos éticos en la recopilación de datos requieren un enfoque cuidadoso y considerado. Las empresas deben equilibrar las oportunidades que ofrecen los datos con un compromiso firme con la ética y la protección de la privacidad.

Evolución de las Expectativas de Privacidad

Esta evolución es impulsada en gran parte por el aumento en la conciencia de los usuarios sobre cómo se recopilan y utilizan sus datos.

Con el tiempo, los usuarios se han vuelto más conscientes y exigentes en cuanto a la privacidad de sus datos. Este cambio ha llevado a una demanda de mayor transparencia y control sobre cómo se utilizan sus datos personales. Los escándalos relacionados con la privacidad de los datos y las violaciones de seguridad han desempeñado un papel crucial en este cambio, resaltando la necesidad de prácticas de manejo de datos más seguras y éticas.

Las empresas ahora se enfrentan al desafío de adaptarse a estas expectativas en constante cambio. Para mantener la confianza y la lealtad de los clientes, deben ser proactivas en la implementación de prácticas de privacidad que no solo cumplan con las regulaciones actuales, sino que también anticipen y respeten las preocupaciones y deseos de los usuarios.

Asimismo, la evolución de las expectativas de privacidad está influyendo en el desarrollo de nuevas tecnologías y servicios. Las empresas están buscando formas de ofrecer personalización y eficiencia sin comprometer la privacidad del usuario.

En conclusión, la evolución de las expectativas de privacidad representa tanto un desafío como una oportunidad para las empresas en el espacio digital. Aquellas que logren adaptarse a estas expectativas cambiantes estarán mejor posicionadas para construir relaciones duraderas y positivas con sus clientes.

Desarrollando Políticas de Datos Sostenibles

Las políticas de Datos Sostenibles deben considerar el impacto a largo plazo de la recopilación y uso de datos, asegurando que sean beneficiosas tanto para la empresa como para los usuarios y la sociedad en general.

Una política de datos sostenible requiere un enfoque equilibrado que priorice la privacidad y seguridad de los usuarios, mientras permite la innovación y el uso efectivo de los datos para mejorar los servicios. También implica una revisión y actualización constantes para adaptarse a los avances tecnológicos y los cambios en las normativas y expectativas de privacidad.

Además, estas políticas deben ser transparentes y fácilmente comprensibles para los usuarios, permitiéndoles tomar decisiones informadas sobre el uso de sus datos. Al incorporar estos principios, las empresas pueden establecer una base sólida para la confianza y lealtad del cliente, y posicionarse como líderes responsables en la era digital.

Integrando Ética y Privacidad en el Modelo de Negocio

Integrar la ética y la privacidad en el modelo de negocio es crucial para el éxito sostenible en la era digital. Esto implica ir más allá del mero cumplimiento legal y adoptar un enfoque holístico que considere la privacidad y la ética como componentes centrales de la estrategia empresarial.

Primero, las empresas deben reconocer que la privacidad y la ética no son solo obligaciones, sino también oportunidades para diferenciarse en el mercado. Al priorizar estas áreas, pueden construir una marca fuerte y una relación de confianza con sus clientes.

En segundo lugar, la integración efectiva requiere la participación de todos los niveles de la organización. Desde la alta dirección hasta los empleados de base, todos deben comprender la importancia de la privacidad y la ética en el manejo de datos.

Tercero, es fundamental que las empresas desarrollen políticas de datos claras y transparentes. Estas políticas deben ser comunicadas a los clientes de manera comprensible, demostrando el compromiso de la empresa con la protección de sus datos.

Cuarto, la formación continua del personal en prácticas de manejo de datos éticas y seguras es esencial. Esto asegura que todos los empleados estén al tanto de las mejores prácticas y de los estándares éticos de la empresa.

Quinto, las empresas deben implementar sistemas y tecnologías que refuercen la seguridad de los datos y garanticen su uso ético. Esto incluye invertir en soluciones de ciberseguridad y en herramientas que permitan a los usuarios controlar sus datos.

Finalmente, la revisión y adaptación constantes de estas políticas y prácticas son necesarias para mantenerse al día con el cambiante panorama tecnológico y regulatorio. Las empresas que logren integrar con éxito la ética y la privacidad en su modelo de negocio no solo cumplirán con sus obligaciones legales y morales, sino que también se posicionarán como líderes responsables y confiables en su industria.

Visiones para un Futuro Ético y Transparente en la Recopilación de Datos

Este futuro ideal ve a las empresas adoptando un enfoque centrado en el usuario, donde la privacidad y la seguridad de los datos no son solo un cumplimiento legal, sino una prioridad fundamental del negocio.

En primer lugar, las empresas adoptarían políticas de "privacidad por diseño", asegurando que la protección de datos sea una consideración intrínseca en el desarrollo de nuevos productos y servicios. Esto incluiría técnicas como la anonimización de datos y el cifrado robusto para proteger la información del usuario.

Además, la transparencia se convertiría en la norma, con las empresas brindando a los usuarios una comprensión clara y accesible de cómo se utilizan sus datos. Esto incluiría políticas de privacidad simplificadas y mecanismos fáciles de usar para que los usuarios controlen sus datos.

Otro aspecto clave sería el desarrollo de estándares éticos universales para la recopilación y el uso de datos. Estos estándares guiarían a las empresas en la toma de decisiones responsables y en la gestión de datos de manera que respete los derechos y la dignidad de los individuos.

La educación y concienciación sobre privacidad y ética de datos también jugarían un papel importante. Tanto los consumidores como los profesionales del sector necesitarían estar bien informados sobre las mejores prácticas y los riesgos potenciales asociados con los datos.

En este futuro, las regulaciones de privacidad de datos se actualizarían continuamente para reflejar los avances tecnológicos y las preocupaciones sociales. Esto aseguraría que las leyes permanezcan relevantes y efectivas en la protección de los derechos de los usuarios.

Finalmente, en un futuro ético y transparente, la confianza del consumidor sería la piedra angular del éxito empresarial. Las empresas que demuestren un compromiso genuino con la ética de datos y la privacidad no solo ganarían la lealtad de los clientes, sino que también liderarían el camino hacia una nueva era de responsabilidad corporativa en la era digital.

7. Resumen de la Sección IV

En la Sección IV, "Más Allá de las Redes Sociales", se profundiza en la dinámica de la recopilación y monetización de datos en el comercio y servicios. Esta sección aborda cómo estas prácticas trascienden las redes sociales, influenciando sectores como el comercio electrónico y los servicios de entrega.

El primer capítulo examina el comercio electrónico, destacando la creciente dependencia de la recopilación de datos para la personalización del servicio y la eficiencia operativa. Se exploran tanto los beneficios como los desafíos éticos, poniendo especial énfasis en la importancia de equilibrar la innovación con la protección de la privacidad del usuario.

El segundo capítulo se centra en los servicios de entrega, discutiendo cómo los datos están redefiniendo la logística y la experiencia del cliente. Se examina la recopilación de datos en este contexto, resaltando las innovaciones en personalización y eficiencia, así como las preocupaciones sobre privacidad y seguridad.

El tercer capítulo trata sobre la venta de información, un tema polémico que plantea cuestiones importantes sobre el impacto social y ético de tales prácticas. Se analizan varios casos, tanto exitosos como controversiales, para ilustrar las diferentes formas en que las empresas manejan este delicado equilibrio.

El cuarto capítulo aborda la confianza del consumidor y la responsabilidad corporativa, argumentando que el respeto por la privacidad y la ética en la gestión de datos son fundamentales para mantener la lealtad del cliente y la integridad de la empresa.

El quinto capítulo se proyecta hacia el futuro, especulando sobre las tendencias emergentes y cómo podrían afectar las estrategias de negocio en los servicios. Se contempla el rol creciente de la IA y el Big Data, considerando tanto las oportunidades como los desafíos que estos avances tecnológicos presentan.

El sexto resalta los retos éticos y de privacidad en la era digital, proponiendo un nuevo enfoque en el manejo de los datos personales. Este capítulo se centra en cómo las empresas pueden y deben integrar la ética y la privacidad en sus modelos de negocio, subrayando la importancia de desarrollar políticas de datos sostenibles y transparentes. A través de un análisis detallado, se discuten estrategias para abordar estos desafíos y se presentan visiones para un futuro más ético y transparente en la recopilación de datos.

En conjunto, esta sección ofrece una perspectiva integral sobre la importancia de un manejo ético y responsable de los datos en el comercio y los servicios, destacando la necesidad de políticas sostenibles que respeten tanto las necesidades empresariales como los derechos de los consumidores.

V. PUBLICIDAD DIRIGIDA Y PERSONALIZACIÓN

*L*a Sección V se centra en cómo la publicidad dirigida y la personalización han transformado las estrategias de marketing en la era digital. Exploraremos cómo los datos de los usuarios se utilizan para crear publicidades altamente personalizadas, mejorando la efectividad de las campañas de marketing y elevando la experiencia del usuario. Esta sección también abordará las implicaciones éticas y de privacidad de estas prácticas, destacando el equilibrio entre la eficacia publicitaria y el respeto a la privacidad del usuario. Además, examinaremos los desafíos legales y regulatorios, así como las tendencias futuras en la publicidad digital.

1. Fundamentos de la Publicidad Dirigida

Este capítulo se sumerge en la historia y evolución de la publicidad dirigida, destacando cómo ha cambiado con las tecnologías emergentes. Se examina en profundidad las mecánicas y tecnologías subyacentes, como la recopilación y análisis de datos, que hacen posible la publicidad dirigida. A través de estudios de caso, se ilustra la aplicación práctica y se discute la eficiencia y efectividad de estas estrategias en diferentes industrias. Este capítulo es crucial para comprender los cimientos sobre los que se construye la publicidad personalizada moderna.

Historia y Evolución

La historia de la publicidad dirigida es un viaje fascinante que comienza con los primeros esfuerzos de marketing en los periódicos y la radio. Con el tiempo, esta práctica se transformó dramáticamente con la llegada de la televisión, ofreciendo un nuevo medio para alcanzar a audiencias masivas con mensajes específicos. Sin embargo, fue la revolución digital y la proliferación de Internet lo que marcó un punto de inflexión en la publicidad dirigida. La web permitió un nivel de segmentación y personalización sin precedentes, gracias a la recopilación y análisis de datos de usuario.

Con el advenimiento de las tecnologías de la información, especialmente la inteligencia artificial y el aprendizaje automático, la publicidad dirigida se refinó aún más. Estas tecnologías permitieron a las empresas no solo segmentar a su audiencia con mayor precisión, sino también predecir tendencias y comportamientos de los consumidores, lo que llevó a campañas publicitarias más efectivas y personalizadas.

Paralelamente, el auge de las redes sociales y la publicidad móvil abrió nuevas avenidas para la publicidad dirigida. Estas plataformas proporcionaron acceso a una gran cantidad de datos del usuario, desde la ubicación hasta los intereses personales, lo que permitió a los anunciantes crear mensajes altamente relevantes y atractivos. La publicidad en redes sociales y móviles se destacó por su capacidad de interactuar directamente con los usuarios, creando una experiencia más personal y dinámica.

Sin embargo, este desarrollo no ha estado exento de desafíos. Las preocupaciones sobre la privacidad y el uso ético de los datos del usuario se han vuelto cada vez más prominentes. Esto ha llevado a un mayor escrutinio y la implementación de regulaciones más estrictas, como el Reglamento General de Protección de Datos (GDPR) en la Unión Europea, que busca equilibrar las ventajas de la publicidad dirigida con el derecho a la privacidad de los individuos.

Mirando hacia el futuro, la publicidad dirigida continúa evolucionando. Con la integración de nuevas tecnologías como la realidad aumentada y el internet de las cosas, así como la creciente preocupación por la privacidad de los datos, el campo se encuentra en un punto de cambio significativo. Estas tendencias no solo están redefiniendo cómo las empresas se acercan a la publicidad, sino también cómo los consumidores interactúan con ella. La adaptación a estos cambios y la anticipación de futuras tendencias son cruciales para el éxito continuo en el ámbito de la publicidad dirigida.

Mecánica y Tecnologías Subyacentes

La mecánica y las tecnologías subyacentes de la publicidad dirigida constituyen un terreno complejo y fascinante, esencial para comprender cómo las marcas alcanzan eficazmente a sus audiencias en el entorno digital actual.

La recopilación de datos es el primer paso crítico en este proceso. Cada clic, búsqueda y interacción en línea es una fuente potencial de información, proporcionando a los anunciantes una riqueza de datos sobre preferencias, comportamientos y hábitos de los usuarios. Esta recopilación se realiza a través de una variedad de métodos, incluyendo cookies, seguimiento en redes sociales, y análisis de datos de dispositivos móviles.

Una vez recopilados, estos datos son analizados y utilizados para segmentar audiencias de manera precisa. Las tecnologías como el aprendizaje automático y la inteligencia artificial juegan un papel crucial aquí, permitiendo a los anunciantes no solo comprender quiénes son sus clientes, sino también predecir sus necesidades y comportamientos futuros. Esta segmentación detallada es lo que hace posible la personalización de los anuncios, asegurando que el contenido sea relevante para cada usuario.

La entrega de anuncios es otro componente esencial. Utilizando algoritmos sofisticados, los anuncios se sirven a los usuarios en el momento y lugar más oportunos a través de plataformas digitales. Esto incluye no solo sitios web y redes sociales, sino también aplicaciones móviles y plataformas de video. La optimización en tiempo real es clave para garantizar la efectividad, lo que implica ajustar continuamente las campañas basadas en la retroalimentación y el rendimiento.

Por último, la medición y análisis del rendimiento de los anuncios cierran el ciclo. Esto implica no solo evaluar el éxito en términos de clics o conversiones, sino también entender cómo los anuncios están afectando la percepción de la marca y el comportamiento del consumidor a largo plazo. Esta retroalimentación es vital para refinar estrategias futuras, asegurando que la publicidad dirigida no solo sea efectiva, sino también bien recibida por los consumidores.

En conjunto, estos procesos conforman un ecosistema complejo y altamente efectivo para la publicidad dirigida, que está en constante evolución con el avance de las tecnologías y los cambios en los comportamientos de los consumidores.

Publicidad Dirigida en Acción: Estudios de Caso

Estos estudios de caso ilustran no solo la eficiencia de la publicidad dirigida, sino también su capacidad para adaptarse a diferentes sectores y objetivos de marketing.

El primer estudio de caso podría enfocarse en una campaña de marketing digital de una reconocida marca de consumo. Aquí, observamos cómo la combinación de datos de comportamiento en línea con un análisis predictivo avanzado permitió a la marca no solo alcanzar a su audiencia objetivo, sino también anticipar sus necesidades, resultando en una campaña altamente exitosa con un retorno de inversión significativo.

Otro caso interesante es el de una empresa de tecnología que utilizó publicidad dirigida en redes sociales para lanzar un nuevo producto. Esta campaña destacó por su uso de segmentación basada en intereses específicos y datos demográficos, asegurando que los anuncios llegaran a los consumidores más propensos a estar interesados en el producto. La campaña no solo incrementó las ventas, sino que también mejoró la percepción de la marca entre su audiencia objetivo.

Un tercer estudio podría analizar el uso de publicidad dirigida en el sector de servicios, como un banco o una compañía de seguros. Este caso demostraría cómo la personalización de anuncios basada en el historial de interacciones del cliente con la empresa condujo a una mayor tasa de conversión y a una experiencia de usuario más satisfactoria.

Además, sería relevante examinar un caso en el ámbito de la salud o la educación, donde la publicidad dirigida se utilizó para informar o educar a una audiencia específica sobre servicios o programas importantes. Este estudio resaltaría cómo la publicidad dirigida puede tener un impacto social positivo, más allá de los objetivos comerciales.

Por último, un estudio de caso en el sector del entretenimiento, como un lanzamiento de película o serie, ilustraría cómo la segmentación basada en preferencias de contenido y hábitos de consumo de medios puede ser utilizada para crear campañas altamente atractivas y virales.

Cada uno de estos estudios de caso proporciona un análisis detallado de cómo la publicidad dirigida puede ser implementada de manera creativa y efectiva en diferentes sectores, destacando tanto los beneficios como las lecciones aprendidas en cada caso.

Eficiencia y Efectividad

El concepto de eficiencia en la publicidad dirigida se centra en alcanzar a la audiencia correcta con el mensaje adecuado y en el momento oportuno, reduciendo el desperdicio de recursos en audiencias no interesadas. Esta precisión es posible gracias a la recopilación avanzada de datos y a los algoritmos sofisticados que analizan y predicen comportamientos y preferencias del consumidor.

La efectividad, por otro lado, se mide por el impacto que la publicidad tiene en la conducta del consumidor. Esto incluye no solo el aumento de las ventas o las conversiones, sino también la construcción de la marca y la fidelización del cliente. La personalización efectiva de los anuncios aumenta significativamente la relevancia y, por ende, la efectividad de las campañas publicitarias.

La capacidad de ajustar rápidamente las estrategias basadas en la retroalimentación del rendimiento asegura que la publicidad dirigida no solo sea eficiente, sino también dinámica y adaptable a las cambiantes condiciones del mercado.

2. Personalización y Experiencia del Usuario

Aquí se analizan las técnicas de personalización en la publicidad digital y su impacto directo en la experiencia del usuario. Se exploran casos de éxito y fracaso, proporcionando un entendimiento claro de lo que funciona y lo que no. Este capítulo también contempla cómo la personalización puede mejorar la relación entre marcas y consumidores, y cómo esto podría evolucionar en el futuro. Se enfatiza en el delicado equilibrio entre la personalización efectiva y la percepción del usuario sobre la intrusión y la privacidad.

Técnicas de Personalización

Las técnicas de personalización en publicidad son una amalgama de estrategias y tecnologías diseñadas para entregar contenido relevante a cada consumidor. En su núcleo, la personalización se basa en la comprensión profunda de los datos del usuario, que incluyen sus preferencias, historial de navegación, interacciones en redes sociales y comportamientos de compra. Esta comprensión permite a los anunciantes adaptar sus mensajes a los intereses individuales, mejorando la relevancia y efectividad de sus campañas.

Una técnica clave es la segmentación de audiencia, que implica dividir a los usuarios en grupos basados en características comunes. Esto podría incluir datos demográficos, geográficos, comportamentales o psicográficos. Una vez segmentada, la publicidad puede ser personalizada para resonar con las necesidades específicas y preferencias de cada grupo, aumentando la probabilidad de un compromiso significativo.

Otra estrategia importante es la personalización contextual. Esto se refiere a la adaptación de los mensajes publicitarios basados en el contexto en el que se encuentra el usuario en ese momento. Por ejemplo, la publicidad podría ser diferente dependiendo de si el usuario está navegando en un teléfono móvil o en un ordenador de escritorio, o si se encuentra en una ubicación geográfica específica.

El uso de la inteligencia artificial (IA) ha llevado la personalización a nuevas alturas. La IA puede analizar grandes volúmenes de datos para identificar patrones y tendencias, lo que permite una segmentación aún más precisa. Además, puede predecir el comportamiento futuro del consumidor, permitiendo a los anunciantes anticipar necesidades y personalizar sus mensajes de manera proactiva.

La personalización también se extiende al diseño y la entrega del contenido publicitario. Esto incluye el uso de técnicas de prueba A/B y optimización continua, donde diferentes versiones de un anuncio se prueban para determinar cuál es más efectiva. Esto asegura que los mensajes no solo sean relevantes, sino también presentados de la manera más atractiva y convincente posible.

Finalmente, es crucial considerar la privacidad y la percepción del usuario al implementar técnicas de personalización. Los anunciantes deben equilibrar la necesidad de proporcionar contenido relevante con el respeto a la privacidad del usuario. Esto implica ser transparentes sobre cómo se recopilan y utilizan los datos, y ofrecer a los usuarios un control adecuado sobre sus datos personales.

Estas técnicas, cuando se implementan de manera efectiva, pueden transformar significativamente la experiencia del usuario y la eficacia de la publicidad, creando una conexión más profunda y significativa entre el consumidor y la marca.

Impacto en la Experiencia del Usuario

El impacto de la publicidad dirigida en la experiencia del usuario es un tema multifacético que abarca tanto aspectos positivos como desafíos.

La personalización de la publicidad puede mejorar significativamente la experiencia del usuario al hacer que los anuncios sean más relevantes y menos intrusivos. Cuando un anuncio se alinea con los intereses y necesidades del usuario, es más probable que sea percibido como útil y atractivo en lugar de una interrupción no deseada. Esta relevancia puede aumentar la eficacia de la publicidad, llevando a una mayor tasa de compromiso y conversión.

Por otro lado, existe un delicado equilibrio entre la personalización y la percepción de invasión a la privacidad. Si los usuarios sienten que su privacidad es vulnerada por anuncios demasiado específicos o por el uso inadecuado de sus datos personales, esto puede generar desconfianza y una respuesta negativa hacia la marca. Por lo tanto, es crucial que las empresas manejen los datos de los usuarios con transparencia y responsabilidad.

Además, la saturación de anuncios personalizados puede llevar a la fatiga publicitaria. Los usuarios pueden sentirse abrumados si cada interacción en línea se convierte en una oportunidad para el marketing dirigido. Esto puede disminuir la efectividad de los anuncios e incluso llevar a los usuarios a desactivar la personalización o evitar ciertos sitios y aplicaciones.

La experiencia del usuario también se ve impactada por la calidad y creatividad del contenido publicitario. Anuncios bien diseñados, que ofrezcan valor o entretenimiento, pueden mejorar la percepción del usuario hacia la marca, mientras que anuncios mal ejecutados o irrelevantes pueden tener el efecto contrario.

En conclusión, mientras que la publicidad dirigida tiene el potencial de enriquecer la experiencia del usuario, su éxito depende de un equilibrio cuidadoso entre personalización efectiva, respeto a la privacidad, y creatividad en el contenido. Las marcas que logran este equilibrio pueden no solo aumentar la eficacia de sus campañas, sino también construir una relación más positiva y duradera con sus consumidores.

Casos de Éxito y Fracaso

Los casos de éxito a menudo involucran campañas que han logrado una resonancia profunda con su audiencia objetivo. Estos éxitos se caracterizan por una comprensión detallada del consumidor, un uso creativo de los datos para personalizar mensajes, y una ejecución que equilibra efectivamente el alcance con la relevancia. Un ejemplo destacado podría ser una campaña que utilizó datos de comportamiento en tiempo real para ofrecer ofertas personalizadas, resultando en un aumento significativo en las ventas y la lealtad del cliente.

Por otro lado, los casos de fracaso suelen ser resultado de una mala interpretación de los datos, mensajes que se sienten intrusivos o irrelevantes, o una gestión deficiente de la privacidad del usuario. Un caso de fracaso notable podría ser una campaña que, a pesar de usar datos detallados, resultó en una percepción negativa de la marca debido a su naturaleza excesivamente intrusiva o a una falta de sensibilidad cultural.

Estos casos no solo sirven como lecciones valiosas en lo que respecta a las mejores prácticas en publicidad dirigida, sino que también destacan la importancia de la ética y la responsabilidad en el uso de datos personales. La línea entre una campaña exitosa y una problemática a menudo reside en cómo se equilibran estos factores.

Futuro de la Personalización

El futuro de la personalización en la publicidad se proyecta como un campo en constante evolución, impulsado por avances tecnológicos y cambios en las expectativas de los consumidores. Se anticipa que tecnologías emergentes como la inteligencia artificial, el aprendizaje automático y la realidad aumentada jugarán roles aún más significativos, permitiendo una personalización aún más profunda y experiencias inmersivas para los usuarios.

Un aspecto clave será el equilibrio entre la personalización y la privacidad. Con un mayor enfoque en la protección de datos y la privacidad del consumidor, las estrategias de personalización tendrán que ser más transparentes y éticas. Esto podría incluir el desarrollo de nuevas formas de consentimiento y preferencias de usuario.

Además, se espera que la personalización se extienda más allá de los anuncios tradicionales. Esto podría manifestarse en experiencias personalizadas en el punto de venta, servicios post-venta, e incluso en la personalización del producto en sí.

Otra tendencia importante será la personalización predictiva, donde la tecnología no solo reacciona a las preferencias del usuario sino que también anticipa sus necesidades futuras. Este enfoque predictivo podría transformar la manera en que las marcas interactúan con sus clientes.

Finalmente, la integración de la personalización en múltiples plataformas y dispositivos se convertirá en una norma, ofreciendo una experiencia coherente y continua al usuario, independientemente de dónde o cómo interactúe con la marca.

3. Implicaciones de Privacidad y Ética

La publicidad dirigida lleva consigo importantes consideraciones éticas y de privacidad. Este capítulo aborda estas preocupaciones desde varios ángulos, incluyendo la percepción del consumidor y las implicaciones legales. Se discuten casos controvertidos que han marcado precedentes en la industria y se ofrecen recomendaciones para navegar estos desafíos éticos. El objetivo es proporcionar una guía para la implementación de prácticas de publicidad dirigida que sean tanto efectivas como respetuosas con la privacidad del usuario.

Preocupaciones de Privacidad

Las preocupaciones de privacidad en la publicidad dirigida y personalizada son una temática de gran relevancia en la actualidad. Estas preocupaciones se centran principalmente en cómo se recopilan, utilizan y almacenan los datos personales de los usuarios. Los consumidores cada vez más valoran su privacidad y están preocupados por el uso indebido de sus datos, lo que ha llevado a un mayor escrutinio y demanda de transparencia por parte de las empresas.

Estas inquietudes han dado lugar a la implementación de leyes y regulaciones más estrictas en materia de protección de datos, como el Reglamento General de Protección de Datos (GDPR) en Europa y la Ley de Privacidad del Consumidor de California (CCPA) en Estados Unidos. Estas normativas obligan a las empresas a ser más transparentes sobre cómo recopilan y usan los datos, y a ofrecer a los usuarios un mayor control sobre su información personal.

Además, la preocupación por la privacidad ha llevado a un aumento en el uso de tecnologías que promueven la anonimización y la minimización de datos, así como el desarrollo de formas de publicidad menos invasivas y más centradas en el respeto a la privacidad del usuario. Las empresas que no logran abordar adecuadamente estas preocupaciones corren el riesgo de perder la confianza de sus clientes y enfrentar consecuencias legales y reputacionales.

Aspectos Éticos de la Publicidad Dirigida

Los aspectos éticos de la publicidad dirigida son un área de gran importancia y debate en el mundo del marketing digital. La primera consideración ética es la privacidad y el consentimiento del usuario. Las marcas y anunciantes deben garantizar que los datos recopilados y utilizados en la publicidad dirigida se obtengan de manera transparente y con el consentimiento explícito del usuario.

Además, existe una preocupación ética sobre la precisión y la honestidad en la publicidad. Los mensajes deben ser auténticos y no engañosos, evitando la exageración o la falsedad. Esto es especialmente crucial cuando se dirigen a grupos vulnerables, como niños o personas con menos capacidad para discernir la naturaleza publicitaria de un contenido.

Otro aspecto importante es la responsabilidad ética de evitar la discriminación y los sesgos. Los algoritmos y herramientas de segmentación deben diseñarse de manera que no perpetúen estereotipos ni discriminen contra grupos particulares. Esto implica un constante análisis y ajuste de las estrategias de marketing para asegurar la equidad y la inclusión.

Por último, se debe considerar el impacto social de la publicidad dirigida. Los anunciantes tienen la responsabilidad de considerar cómo sus campañas afectan no solo a los individuos, sino también a la sociedad en general. Esto incluye evitar la polarización o la promoción de hábitos insalubres.

En resumen, los aspectos éticos de la publicidad dirigida abarcan desde el respeto a la privacidad y el consentimiento del usuario hasta la responsabilidad social de las campañas. Las empresas deben navegar estos desafíos éticos de manera cuidadosa para mantener la confianza y lealtad de sus clientes.

Casos Controversiales

Aquí se abordan ejemplos hipotéticos donde la publicidad dirigida pudiera generar debates significativos, ilustrando los desafíos éticos y legales que pueden surgir.

Un caso podría involucrar una campaña que utilizó datos de localización de manera intrusiva, lo que generó preocupación sobre la privacidad y el consentimiento del usuario. Este tipo de campaña pone de manifiesto el delicado equilibrio entre la eficacia publicitaria y el respeto a la privacidad individual.

Otro ejemplo controversial podría ser una campaña que, aunque legal, fue percibida como éticamente cuestionable debido a su enfoque en grupos vulnerables. Esto subraya la importancia de considerar no solo la legalidad sino también la percepción pública y la responsabilidad social en la publicidad dirigida.

También es relevante analizar casos donde la personalización excesiva ha llevado a reacciones negativas de los consumidores. Estos casos demuestran cómo una segmentación demasiado específica puede ser percibida como inquietante o invasiva, afectando negativamente la relación entre la marca y su audiencia.

Un caso adicional podría involucrar el uso de algoritmos de aprendizaje automático que, sin intención, perpetúan sesgos o discriminación. Este tipo de situaciones resalta los desafíos en el diseño de sistemas de publicidad dirigida que sean justos y equitativos.

Finalmente, un caso de interés podría ser una campaña que fue legalmente desafiada por supuestamente violar las regulaciones de privacidad de datos. Este tipo de controversia puede provocar un escrutinio público y legal, llevando a cambios en las regulaciones y prácticas de la industria.

Estos casos proporcionan valiosas lecciones sobre la importancia de navegar cuidadosamente los aspectos éticos y legales de la publicidad dirigida, y subrayan la necesidad de un enfoque equilibrado y considerado en su implementación.

Mejores Prácticas y Recomendaciones

A continuación se destacan las estrategias y enfoques óptimos para la publicidad dirigida, enfocándonos en cómo mantener la eficacia mientras se abordan las preocupaciones éticas y legales.

Una práctica recomendada es la transparencia total en la recopilación y uso de datos. Esto incluye informar a los usuarios cómo se recopilan sus datos, para qué se utilizan y cómo pueden controlar su uso. Respetar el consentimiento del usuario no solo es ético, sino que también fortalece la confianza y la lealtad.

Otro aspecto clave es la protección de la privacidad y la seguridad de los datos. Las empresas deben implementar medidas robustas para proteger la información del usuario y asegurar que se cumpla con todas las leyes y regulaciones pertinentes.

Además, es crucial evitar el uso de datos de manera que pueda resultar discriminatoria o sesgada. Esto implica revisar y ajustar regularmente los algoritmos para asegurar que no perpetúen estereotipos ni resulten en discriminación inadvertida.

También se recomienda mantener un equilibrio entre la personalización y la generalización. Mientras que la publicidad dirigida se basa en la personalización, es importante no cruzar la línea hacia lo que podría ser percibido como invasivo o inquietante.

Finalmente, es esencial mantenerse actualizado sobre las tendencias emergentes, las nuevas tecnologías y las regulaciones en constante cambio. La adaptabilidad y la preparación para el cambio son cruciales para el éxito a largo plazo en la publicidad dirigida.

4. Regulaciones y Desafíos Legales

Se ofrece una mirada exhaustiva al panorama legal que rodea la publicidad dirigida. Este capítulo cubre legislaciones clave como el GDPR, analizando su impacto en la industria y cómo las empresas han tenido que adaptarse. Se discuten los retos y estrategias para el cumplimiento legal, así como las posibles direcciones futuras en cuanto a regulaciones. Este capítulo es esencial para entender cómo la ley forma parte integral de la estrategia de publicidad y el manejo de datos.

Panorama Legal Global

El panorama legal global en relación con la publicidad dirigida es complejo y varía significativamente entre diferentes regiones.

En Europa, el Reglamento General de Protección de Datos (GDPR) es la piedra angular. Este reglamento impone requisitos estrictos para el consentimiento del usuario, el manejo de datos personales y la transparencia. Las empresas deben garantizar que los datos se recopilen y procesen legalmente, y los usuarios tienen derechos significativos sobre sus datos, incluyendo el derecho a ser olvidados.

En los Estados Unidos, la regulación es más fragmentada y sectorial. La Ley de Privacidad del Consumidor de California (CCPA) es un ejemplo de legislación estatal que otorga a los residentes de California más control sobre sus datos personales. A nivel federal, existen leyes específicas para ciertos tipos de datos y contextos, pero no un equivalente directo al GDPR.

En Asia, las leyes de privacidad varían ampliamente. Por ejemplo, China tiene regulaciones estrictas sobre datos, pero se centran más en la seguridad y el control de la información por parte del estado. Japón, por otro lado, tiene una ley de protección de datos personales que se asemeja más al modelo europeo.

En América Latina, países como Brasil han implementado leyes de protección de datos inspiradas en el GDPR, como la Ley General de Protección de Datos (LGPD), que refleja un enfoque similar en cuanto a consentimiento y derechos del titular de los datos.

Esta diversidad legal plantea desafíos significativos para las empresas que operan a nivel global. Deben no solo cumplir con una variedad de leyes locales, sino también adaptarse a un panorama en constante cambio. Esto requiere una estrategia legal flexible y un enfoque proactivo para el cumplimiento global en publicidad dirigida.

Impacto de Regulaciones como el GDPR

El impacto de regulaciones como el GDPR en la publicidad dirigida es profundo y multifacético.

Primero, el GDPR ha elevado los estándares para el consentimiento del usuario. Las empresas deben obtener un consentimiento claro y afirmativo para recopilar y procesar datos personales, lo que ha llevado a una mayor transparencia.

En segundo lugar, el GDPR otorga a los individuos un mayor control sobre sus datos, incluyendo el derecho a acceder, rectificar y borrar sus datos personales. Esto ha obligado a las empresas a ser más cuidadosas en cómo manejan la información del usuario.

Además, el GDPR ha promovido una mayor responsabilidad y gobernanza de datos en las organizaciones. Las empresas deben asegurarse de que sus prácticas de recopilación y uso de datos estén en conformidad, lo que a menudo implica implementar sistemas y procesos más robustos.

También ha habido un impacto significativo en la confianza del consumidor. Al garantizar una mayor protección de datos, el GDPR puede ayudar a mejorar la relación entre las marcas y sus clientes.

Finalmente, las sanciones por incumplimiento son sustanciales, lo que ha llevado a las empresas a tomar muy en serio el cumplimiento de estas regulaciones, reestructurando muchas estrategias de publicidad dirigida.

Desafíos de Cumplimiento para las Empresas

Los desafíos de cumplimiento para las empresas en el contexto de regulaciones como el GDPR son numerosos y complejos.

Primero, la necesidad de obtener un consentimiento claro y explícito del usuario para la recopilación y uso de datos representa un cambio significativo en la forma en que las empresas interactúan con los clientes.

Además, la gestión y protección adecuada de los datos se ha vuelto más crítica, requiriendo inversiones en seguridad y sistemas de gestión de datos.

Las empresas también enfrentan el desafío de mantenerse actualizadas con las regulaciones en constante evolución, lo que implica una necesidad de flexibilidad y adaptabilidad en sus prácticas y políticas.

Además, el cumplimiento transfronterizo agrega una capa adicional de complejidad, especialmente para empresas que operan en múltiples jurisdicciones con diferentes leyes de privacidad.

Por último, hay un riesgo significativo asociado con el incumplimiento, incluyendo sanciones financieras severas y daño a la reputación, lo que exige un enfoque serio y meticuloso hacia la conformidad legal.

Futuro de la Regulación en Publicidad Digital

El futuro de la regulación en publicidad digital probablemente verá un fortalecimiento y expansión de las normativas existentes, como el GDPR, para abordar de manera más efectiva los desafíos emergentes en la era digital.

En primer lugar, podemos esperar una mayor armonización de las leyes a nivel internacional. Esto facilitaría que las empresas operen en múltiples mercados, pero también requeriría una mayor atención a las variaciones regionales en la legislación de privacidad y publicidad.

En segundo lugar, es probable que surjan nuevas regulaciones para abordar las tecnologías emergentes, como la inteligencia artificial y el análisis de Big Data en publicidad. Estas regulaciones podrían centrarse en garantizar que la publicidad sea justa, transparente y no discriminatoria.

Además, la transparencia y el consentimiento seguirán siendo aspectos cruciales. Podríamos ver un aumento en las exigencias regulatorias relacionadas con la claridad en el consentimiento del usuario y en la explicación de cómo se utilizan los datos.

Por último, es probable que las preocupaciones sobre la privacidad y la seguridad de los datos sigan siendo un motor clave para futuras regulaciones. Las empresas deberán adaptarse continuamente a estas regulaciones para garantizar el cumplimiento y proteger la confianza del consumidor.

5. Tendencias Futuras y Predicciones

Este capítulo se enfoca en las innovaciones tecnológicas emergentes y cómo estas están modelando el futuro de la publicidad dirigida. Se examinan los cambios en el comportamiento del consumidor y cómo esto influirá en las estrategias de marketing. Se ofrecen predicciones sobre las tendencias futuras y consejos sobre cómo las empresas pueden adaptarse a un panorama en constante evolución. Este capítulo busca proporcionar una visión hacia el futuro, preparando al lector para los próximos desarrollos en el campo de la publicidad digital.

Innovaciones Tecnológicas Emergentes

Aquí abordamos las últimas tendencias en tecnología que están transformando la publicidad digital. Una de estas innovaciones es la inteligencia artificial (IA), que está revolucionando la forma en que se personalizan y se entregan los anuncios. La IA permite un análisis de datos más sofisticado y predicciones precisas sobre el comportamiento del consumidor.

Otra área emergente es el uso de la realidad aumentada (RA) y la realidad virtual (RV) en la publicidad. Estas tecnologías ofrecen experiencias inmersivas y atractivas, abriendo nuevas posibilidades para la interacción de marca.

El Internet de las Cosas (IoT) también está jugando un papel importante, permitiendo una recopilación de datos más integrada y proporcionando oportunidades para publicidad contextual en dispositivos conectados.

Estas tecnologías no solo mejoran la eficacia de la publicidad, sino que también plantean nuevos desafíos en términos de privacidad y ética, lo que las empresas deben considerar cuidadosamente al integrar estas innovaciones en sus estrategias de marketing.

Cambios en el Comportamiento del Consumidor

Ahora veremos cómo la era digital ha transformado las expectativas y comportamientos de los consumidores, impactando directamente en la publicidad dirigida.

Primero, el acceso a la información ha hecho a los consumidores más informados y exigentes. Buscan experiencias de compra personalizadas y relevantes, y están más dispuestos a interactuar con marcas que les ofrecen valor real.

Además, la prevalencia de las redes sociales ha cambiado la forma en que los consumidores descubren productos y toman decisiones de compra. Las opiniones y recomendaciones en estas plataformas tienen un gran impacto en la percepción de la marca.

El creciente uso de dispositivos móviles también ha llevado a un cambio hacia la inmediatez. Los consumidores esperan respuestas rápidas y soluciones convenientes, lo que implica una necesidad de estrategias de marketing más ágiles y adaptadas a dispositivos móviles.

Por último, hay una mayor conciencia sobre la privacidad y la seguridad de los datos. Los consumidores son más cautelosos sobre compartir su información personal, lo que obliga a las marcas a ser más transparentes y responsables en sus prácticas publicitarias.

Estos cambios en el comportamiento del consumidor requieren que las empresas se adapten continuamente, no solo en sus estrategias de publicidad, sino en su enfoque general hacia la interacción y compromiso del cliente.

Predicciones para el Futuro de la Publicidad Digital

A continuación contemplamos varias tendencias emergentes que podrían dar forma al panorama de la publicidad en los próximos años.

Una predicción es la integración aún mayor de la inteligencia artificial y el aprendizaje automático, no solo en la segmentación y personalización de anuncios, sino también en la creación de contenido publicitario.

Se espera también un aumento en la publicidad a través de plataformas de realidad aumentada y virtual, proporcionando experiencias inmersivas y memorables para los consumidores.

Otra tendencia es el auge de la publicidad programática, que continuará automatizando la compra y venta de espacios publicitarios, haciendo el proceso más eficiente y preciso.

Además, podríamos ver un cambio hacia una mayor transparencia y control por parte del usuario sobre sus datos, respondiendo a las crecientes preocupaciones sobre privacidad.

Por último, la publicidad podría volverse más interactiva y basada en la conversación, con chatbots y asistentes virtuales desempeñando un papel clave en la interacción directa con los consumidores.

Estas predicciones señalan un futuro emocionante y desafiante para la publicidad digital, marcado por avances tecnológicos y un cambio constante en las expectativas de los consumidores.

Adaptándose a un Paisaje en Cambio

Adaptarse a un paisaje en constante cambio en el ámbito de la publicidad digital requiere un enfoque holístico y proactivo por parte de las empresas. Primero, la innovación tecnológica es crucial. La adopción de tecnologías emergentes como la inteligencia artificial y el análisis de Big Data puede mejorar significativamente la personalización y la efectividad de las campañas publicitarias.

Paralelamente, es esencial mantener un enfoque centrado en la experiencia del usuario. Respetar su privacidad y ofrecer contenido que realmente aporte valor es fundamental para construir relaciones duraderas y positivas con los consumidores. Además, esto incluye adaptarse a sus expectativas cambiantes y a las tendencias del mercado.

La flexibilidad y la agilidad operativa son igualmente importantes. Las empresas deben ser capaces de reaccionar y adaptarse rápidamente a las nuevas tendencias y comportamientos del consumidor para mantenerse relevantes y competitivas. Esto implica estar dispuestos a experimentar y a innovar constantemente en sus enfoques y estrategias de marketing.

El cumplimiento normativo también juega un papel crucial. Mantenerse al día y adaptarse a las regulaciones globales en constante cambio es vital para evitar sanciones legales y preservar la reputación de la marca. Esto requiere un monitoreo constante del entorno legal y una rápida adaptación a las nuevas legislaciones.

Otra consideración importante es la integración de múltiples canales en las estrategias de marketing. En un mundo donde los consumidores interactúan con las marcas a través de una variedad de plataformas digitales, es crucial que las campañas publicitarias sean coherentes y fluidas en todos los canales y puntos de contacto.

Por último, el análisis y el aprendizaje continuo son esenciales para entender el impacto de las estrategias publicitarias y para mejorar constantemente. Las empresas deben invertir en herramientas y técnicas de análisis para obtener insights valiosos que guíen sus decisiones futuras y optimicen sus campañas publicitarias.

6. Resumen de la Sección V

La Sección V de "Publicidad Dirigida y Personalización" abarca el desarrollo y las implicancias de la publicidad en la era digital. Comenzando con una mirada a la evolución histórica de la publicidad y señalando cómo las tecnologías emergentes, como el internet y la inteligencia artificial, han transformado las estrategias publicitarias. La sección profundiza en cómo estas técnicas permiten una personalización sin precedentes, mejorando significativamente la experiencia del usuario y la eficacia de las campañas.

Un enfoque importante de la sección es el delicado equilibrio entre la eficacia publicitaria y la privacidad del usuario. Se discute la creciente preocupación por la privacidad y cómo la legislación, como el GDPR, está moldeando las prácticas de publicidad. La sección también explora las tendencias futuras en publicidad digital, destacando cómo la integración de tecnologías avanzadas está abriendo nuevas posibilidades para una personalización aún más profunda.

Finalmente, se aborda cómo las empresas pueden adaptarse a este paisaje en constante cambio, enfatizando la importancia de la innovación y la flexibilidad. La sección concluye con la idea de que la capacidad de adaptarse y evolucionar con las tendencias emergentes será crucial para el éxito en el ámbito de la publicidad digital.

VI. LEGISLACIÓN Y POLÍTICA DE DATOS

*E*n esta sección abordamos el complejo y dinámico entorno legal que rige la gestión de datos personales en la era digital. Se profundiza en el impacto significativo de leyes como el GDPR, explorando cómo han reformulado las prácticas empresariales en términos de recopilación, uso y protección de datos personales. Se analiza el desafío de navegar en un paisaje legal diverso a nivel global, destacando la necesidad de estrategias adaptativas y proactivas para asegurar el cumplimiento normativo y la confianza del consumidor. Además, se contempla el futuro de la legislación de datos, especulando sobre las tendencias emergentes y las posibles nuevas regulaciones que podrían influir en la gestión de datos personales, enfatizando la importancia de la anticipación y adaptabilidad en un mundo donde la tecnología y las expectativas de privacidad evolucionan rápidamente.

1. Impacto del GDPR en la Gestión de Datos Personales

Este capítulo se enfoca en cómo el Reglamento General de Protección de Datos (GDPR) ha transformado la gestión de datos personales en las empresas. Se aborda la necesidad de consentimiento explícito para la recolección de datos, la importancia de la transparencia en su uso, y las implicancias para las estrategias de marketing y publicidad. Se examina el impacto del GDPR en diversas industrias y se analiza cómo las empresas han tenido que adaptar sus procesos y políticas de datos para cumplir con estas normativas.

Historia y Origen del GDPR

El Reglamento General de Protección de Datos (GDPR) es un hito legislativo que se originó como respuesta a la creciente preocupación por la privacidad y el manejo de datos personales en la Unión Europea. Antes del GDPR, la legislación europea sobre protección de datos estaba fragmentada y desactualizada en relación con los avances tecnológicos. El GDPR fue concebido para proporcionar un marco unificado y actualizado que reflejara las nuevas realidades digitales.

La gestación del GDPR fue un proceso complejo que involucró intensos debates y negociaciones entre los estados miembros de la UE y las instituciones pertinentes. Se buscaba equilibrar la protección de datos personales con las libertades de mercado y la innovación tecnológica. Este reglamento introdujo conceptos como el consentimiento explícito para el procesamiento de datos personales, el derecho al olvido, y la obligación de las empresas de informar sobre violaciones de datos.

El 25 de mayo de 2018, fecha en que el GDPR entró en vigor, marcó un cambio significativo en la práctica del manejo de datos a nivel global. Las empresas tuvieron que realizar cambios sustanciales en sus políticas y prácticas de gestión de datos para cumplir con las estrictas disposiciones del reglamento. El GDPR no solo afectó a las empresas dentro de la UE, sino que también tuvo un impacto global, ya que cualquier empresa que maneje datos de ciudadanos de la UE debe cumplir con sus normativas. El GDPR ha establecido un nuevo estándar para la protección de datos personales y ha influido en legislaciones similares en otras partes del mundo. Su implementación ha generado debates sobre el equilibrio entre la protección de datos, la privacidad y la innovación en la era digital. A pesar de los desafíos iniciales para su implementación, el GDPR es ampliamente visto como un paso necesario y positivo hacia la protección de los derechos de privacidad en el siglo XXI.

Consentimiento y Transparencia en la Recolección de Datos

La importancia del consentimiento y la transparencia en la recolección de datos personales se ha vuelto un tema central en la era del GDPR. Este enfoque garantiza que los usuarios estén plenamente informados y consientan activamente la utilización de sus datos. Se enfatiza en la necesidad de claridad en las políticas de privacidad y en los términos de uso, alejándose de prácticas opacas o engañosas.

El consentimiento debe ser explícito y específico, lo que implica un cambio en cómo las empresas solicitan y registran las autorizaciones de los usuarios. Ya no es suficiente con términos generales o preseleccionados; el consentimiento debe ser una acción clara y deliberada por parte del usuario.

Además, la transparencia en el uso de datos implica que las empresas deben ser claras sobre cómo, por qué y durante cuánto tiempo se utilizarán los datos personales. Esto incluye informar a los usuarios sobre sus derechos en relación con sus datos, como el derecho a acceder, rectificar o eliminar su información personal.

La implementación efectiva de estas prácticas no solo cumple con las regulaciones legales, sino que también fomenta la confianza y la lealtad de los clientes. Las empresas que demuestran respeto por la privacidad y la autonomía de los datos personales pueden diferenciarse positivamente en el mercado.

Por último, la transparencia y el consentimiento adecuado son esenciales para evitar sanciones legales y daños a la reputación, aspectos que han cobrado mayor relevancia en el clima actual de sensibilidad hacia la privacidad de datos. Las organizaciones deben ver estos requisitos no como una carga, sino como una oportunidad para fortalecer las relaciones con los clientes y construir una base sólida para las operaciones comerciales en la era digital.

GDPR y Estrategias de Marketing

El impacto del GDPR en las estrategias de marketing es profundo y abarca varios aspectos clave. Primero, obliga a las empresas a reconsiderar cómo utilizan los datos del cliente, poniendo un énfasis en la obtención de consentimiento claro y en la transparencia. Esto ha llevado a un cambio hacia estrategias de marketing más centradas en el usuario, donde la confianza y la relación con el cliente son fundamentales.

En segundo lugar, el GDPR incentiva la creatividad en el marketing. Las restricciones en el uso de datos personales han llevado a las empresas a buscar formas novedosas de interactuar con clientes, utilizando técnicas como el marketing de contenido y redes sociales de manera más efectiva.

Además, el GDPR ha aumentado la importancia del manejo de datos y la segmentación de audiencias basada en consentimientos. Las empresas ahora deben ser más cuidadosas en cómo segmentan audiencias, asegurándose de que las comunicaciones sean relevantes y deseadas.

Otro aspecto importante es el enfoque en la calidad sobre la cantidad de datos. El GDPR ha llevado a las empresas a concentrarse en recopilar datos que son verdaderamente útiles para sus estrategias de marketing, en lugar de grandes volúmenes de información de menor relevancia.

Por último, el cumplimiento del GDPR ha impulsado la necesidad de colaboración entre los departamentos de marketing, TI y legal. Esto asegura que las campañas de marketing no solo sean efectivas, sino que también cumplan con las regulaciones de privacidad de datos.

En resumen, el GDPR ha transformado el marketing digital, haciendo que la privacidad y la protección de datos sean una parte integral de las estrategias de marketing en la era moderna.

Adaptación Empresarial al GDPR

La adaptación empresarial al GDPR ha sido un proceso integral para las empresas en todo el mundo. Involucra una revisión exhaustiva y, a menudo, una reestructuración de cómo se recopilan, almacenan y procesan los datos personales. Las empresas han tenido que implementar medidas rigurosas para garantizar el cumplimiento, como mejorar la seguridad de los datos, establecer procedimientos claros para el consentimiento de los usuarios y asegurar la transparencia en sus prácticas de manejo de datos.

Este proceso también ha implicado una mayor colaboración entre los departamentos de TI, legal y marketing, asegurando que todas las áreas de la empresa comprendan y cumplan con los requisitos del GDPR. La formación y concienciación del personal sobre el manejo de datos personales se ha convertido en una prioridad, así como la implementación de sistemas para responder a las solicitudes de los usuarios relacionadas con sus datos.

Además, la adaptación al GDPR ha llevado a las empresas a valorar más la confianza y la lealtad del cliente. Al ser transparentes y responsables en el manejo de los datos personales, las empresas no solo cumplen con la ley, sino que también fomentan una relación más sólida con sus clientes.

En última instancia, la adaptación al GDPR es un paso continuo y evolutivo. Requiere un compromiso constante con las prácticas de protección de datos y una disposición para adaptarse a futuras regulaciones y expectativas del mercado. Las empresas que abrazan estos cambios pueden descubrir nuevas oportunidades para innovar y mejorar sus relaciones con los clientes.

Casos de Estudio y Análisis de Impacto

En esta sección se exploran diversas situaciones que empresas de distintos sectores pudieran enfrentar al implementar el GDPR. Estos casos de estudio proporcionan una visión práctica de cómo las organizaciones podrían adaptar sus operaciones para cumplir con las regulaciones, resaltando tanto los éxitos como los desafíos que encontrarían en el camino.

Un caso típico puede involucrar a una gran corporación multinacional que tuvo que revisar y modificar sus sistemas de gestión de datos en múltiples países para asegurar el cumplimiento. Este tipo de estudio destaca la complejidad de gestionar la conformidad en diferentes jurisdicciones con variadas interpretaciones del GDPR.

Otro caso podría centrarse en una pequeña empresa o startup que, aunque inicialmente abrumada por las exigencias del GDPR, logró transformar este desafío en una oportunidad para mejorar sus prácticas de manejo de datos y fortalecer la confianza del cliente. Estos ejemplos son particularmente útiles para mostrar cómo las empresas de menor escala pueden abordar eficientemente el cumplimiento del GDPR.

También es esencial analizar casos donde las empresas no lograron cumplir con el GDPR. Estos ejemplos sirven como advertencias sobre las consecuencias del incumplimiento, que pueden incluir sanciones financieras significativas y daños a la reputación de la marca.

Además, algunos estudios pueden explorar cómo el GDPR ha impactado las estrategias de marketing digital, mostrando el cambio de tácticas basadas en la recopilación masiva de datos hacia enfoques más centrados en el consentimiento y la personalización.

2. Legislaciones de Privacidad de Datos en Diferentes Regiones

Este capítulo compara y contrasta las leyes de privacidad de datos en diferentes regiones del mundo, incluyendo la CCPA de California, el PIPEDA de Canadá, y otras leyes similares en Asia y América Latina. Se discute cómo estas leyes afectan las operaciones globales de las empresas y las estrategias que deben adoptar para garantizar el cumplimiento en diferentes jurisdicciones. También se aborda el impacto de estas leyes en la protección del consumidor y en la confianza pública hacia las empresas.

Comparación Internacional de Leyes de Privacidad

La protección de la privacidad y los datos personales es una preocupación global que se refleja en diversas legislaciones. El GDPR en Europa es un ejemplo prominente, estableciendo estrictos controles sobre el consentimiento y el manejo de datos personales. Esta legislación ha tenido un impacto significativo a nivel mundial, sirviendo como referencia para otras regiones. En contraste, la CCPA en California, aunque comparte similitudes con el GDPR, se centra más en los derechos de los consumidores en relación con la venta y transparencia de sus datos, reflejando un enfoque más orientado al mercado.

En Asia, las leyes de protección de datos como la PIPL en China y la APPI en Japón ilustran enfoques diferentes. Estas legislaciones están influenciadas por sus propios contextos culturales y políticos, mostrando una diversidad en la forma de abordar la privacidad y la seguridad de los datos. Por ejemplo, la PIPL se centra en la seguridad de los datos y su uso por parte de las entidades, mientras que la APPI tiene un enfoque más centrado en el individuo y su privacidad.

América Latina, con la LGPD en Brasil, muestra una tendencia hacia la adopción de regulaciones influenciadas por el modelo del GDPR. Esta ley refleja una creciente preocupación por la protección de los datos personales y establece un marco legal similar al europeo en términos de consentimiento y derechos del titular de los datos.

Estas variaciones en las leyes de privacidad de datos resaltan la complejidad de operar a nivel global. Para las empresas que operan internacionalmente, es crucial entender y respetar estas diferencias legislativas. Adaptarse a estos marcos legales variados no solo asegura el cumplimiento legal, sino que también refuerza la confianza y la relación con los clientes en diferentes regiones.

En conclusión, el panorama de la legislación de privacidad de datos muestra una tendencia hacia una mayor protección y control por parte del usuario, con diferencias regionales que reflejan contextos culturales, políticos y de mercado específicos. Para las empresas globales, este escenario representa un desafío constante de adaptación y cumplimiento.

Estrategias de Cumplimiento Global

Desarrollar estrategias de cumplimiento global en el contexto de diversas leyes de privacidad de datos es un desafío significativo para las empresas que operan internacionalmente. Este desafío comienza con la necesidad de comprender un amplio espectro de legislaciones, que varían considerablemente entre países y regiones. Las empresas deben adoptar un enfoque adaptable y flexible, capaz de satisfacer los requisitos de las legislaciones más estrictas, como el GDPR en Europa, que establece altos estándares en términos de consentimiento y control de datos por parte de los usuarios.

Una estrategia eficaz implica la integración de equipos legales, de TI y de marketing para garantizar un enfoque cohesivo y bien informado sobre el cumplimiento. Esta colaboración es esencial para entender las complejidades de cada ley y aplicarlas de manera efectiva en las operaciones de la empresa. La capacitación regular del personal en prácticas de protección de datos y sensibilización sobre la importancia del cumplimiento es otra pieza clave de la estrategia. Esto ayuda a prevenir violaciones de datos y garantiza que todos los empleados estén al tanto de su papel en la protección de la información del cliente.

Además, es crucial implementar políticas internas robustas y sistemas de gestión de datos que puedan adaptarse a diferentes legislaciones. Esto podría incluir la implementación de tecnologías avanzadas para el seguimiento y la gestión de consentimientos, así como sistemas para responder rápidamente a las solicitudes de los usuarios relacionadas con sus datos personales.

Por otro lado, el cumplimiento global no se trata solo de evitar sanciones legales; también juega un papel vital en la construcción y mantenimiento de la confianza del cliente. En un mundo donde la preocupación por la privacidad de datos está en aumento, las empresas que demuestran un compromiso firme con la protección de datos personales pueden diferenciarse significativamente de sus competidores.

En conclusión, las estrategias de cumplimiento global requieren un enfoque proactivo y bien planificado. Las empresas deben estar preparadas para adaptarse rápidamente a las cambiantes regulaciones de privacidad de datos, lo que no solo asegura el cumplimiento legal, sino que también refuerza la confianza y la relación con los clientes en un mercado global.

Impacto en la Confianza del Consumidor

La importancia del cumplimiento de las regulaciones de protección de datos en la construcción de la confianza del consumidor es un tema crítico. En la era del GDPR y otras legislaciones similares, los consumidores son cada vez más conscientes de sus derechos de privacidad de datos. Cuando una empresa demuestra transparencia y adherencia a estas normativas, refuerza la percepción de que es digna de confianza. Esta confianza se traduce en relaciones a largo plazo y lealtad del cliente.

El impacto de un enfoque centrado en la privacidad va más allá de la simple conformidad legal; afecta directamente la reputación de la marca. Las violaciones de datos y el manejo inadecuado de información personal pueden llevar a una pérdida de confianza, lo que a su vez puede tener consecuencias financieras significativas para las empresas. Por el contrario, las empresas que protegen activamente los datos de sus clientes se benefician de una imagen positiva y una ventaja competitiva en el mercado.

Además, la transparencia en la recopilación y uso de datos personales es clave para fomentar esta confianza. Los consumidores valoran cuando se les informa claramente sobre cómo se utilizan sus datos y cuándo tienen control sobre ellos. Esto incluye tener políticas claras de privacidad y facilitar a los clientes la gestión de sus preferencias y consentimientos.

La confianza del consumidor también se fortalece a través de una comunicación efectiva y consistente. Las empresas deben esforzarse por comunicar sus prácticas de protección de datos de manera comprensible y accesible, evitando el uso de jerga legal compleja. Esto ayuda a los clientes a comprender mejor cómo se manejan sus datos y el valor que la empresa pone en su privacidad.

En resumen, el respeto y la protección de la privacidad de datos personales no solo es una obligación legal, sino también una inversión en la relación con los clientes. En un entorno digital donde la privacidad es una preocupación creciente, las empresas que priorizan la confianza y la transparencia en el manejo de datos personales se posicionan para el éxito a largo plazo.

Desafíos y Oportunidades para las Empresas Multinacionales

Las empresas multinacionales enfrentan desafíos y oportunidades únicos debido a las diversas regulaciones de protección de datos a nivel mundial. Navegar por el complejo entramado de leyes como el GDPR, la CCPA y otras, representa un reto significativo, ya que deben asegurar el cumplimiento en todas las jurisdicciones en las que operan. Esto requiere una inversión considerable en recursos y una estrategia legal y operativa bien coordinada.

Por otro lado, el cumplimiento de estas normativas ofrece oportunidades para fortalecer la confianza del cliente y mejorar la reputación corporativa. Las empresas que logran implementar políticas de privacidad de datos sólidas y transparentes pueden diferenciarse positivamente en el mercado. Además, el desafío de cumplir con múltiples regulaciones puede impulsar la innovación en la gestión de datos y las prácticas de negocio, llevando a las empresas a desarrollar soluciones más eficientes y seguras para el manejo de datos personales.

Sin embargo, el riesgo de no cumplir con las normativas de protección de datos es significativo, incluyendo sanciones financieras y daños a la reputación. Por lo tanto, las empresas multinacionales deben estar continuamente informadas y adaptarse a los cambios en las legislaciones de protección de datos. Esto implica no solo un enfoque reactivo, sino también proactivo, anticipando posibles cambios en la legislación y adaptando sus estrategias en consecuencia.

En conclusión, las empresas multinacionales deben ver el cumplimiento de las regulaciones de protección de datos no solo como un desafío, sino también como una oportunidad para mejorar sus operaciones y relaciones con los clientes. A largo plazo, una gestión efectiva y ética de los datos personales puede convertirse en un factor clave para el éxito en un mercado global cada vez más consciente de la importancia de la privacidad de datos.

Casos Prácticos y Análisis

A continuación se exploran escenarios hipotéticos detallados para entender cómo distintas empresas afrontan el reto del cumplimiento global en materia de protección de datos. Un ejemplo podría ser una multinacional tecnológica adaptándose al GDPR. Este caso muestra cómo la empresa revisa sus políticas de privacidad en diferentes regiones, destacando las estrategias específicas para cumplir con diversas legislaciones.

Otro caso hipotético se enfoca en una pequeña empresa emergente que expande operaciones internacionalmente. Aquí, se ilustra la importancia de una planificación adecuada y asesoría legal para cumplir con las normativas de cada nuevo mercado. Este caso resalta las diferencias en la gestión de privacidad y datos entre empresas grandes y pequeñas.

Un tercer escenario podría explorar una empresa que enfrenta una violación de datos. Este caso examina la gestión de crisis, las medidas correctivas tomadas y la comunicación con los afectados y las autoridades. Es un ejemplo valioso de la importancia de estar preparados para incidentes de seguridad de datos.

Además, podría considerarse un caso donde una empresa reestructura su enfoque de marketing digital para alinearse con el GDPR y otras leyes de privacidad. Este ejemplo demuestra cómo el cumplimiento de las normativas puede influir y modificar las estrategias de marketing y publicidad.

Finalmente, un último caso podría analizar cómo una empresa internacional enfrenta las complejidades legales y logísticas al manejar datos de múltiples jurisdicciones. Este escenario resalta los desafíos y las soluciones implementadas para gestionar eficientemente los datos personales a nivel global, enfatizando la necesidad de sistemas de gestión de datos flexibles y seguros.

Estos casos hipotéticos ofrecen una perspectiva práctica y aplicable a situaciones reales, proporcionando comprensión y estrategias efectivas para el manejo de la privacidad y el cumplimiento de datos a nivel internacional.

3. Tendencias Futuras en Legislación de Datos

Este capítulo analiza las tendencias emergentes y las posibles futuras regulaciones en el ámbito de la privacidad y la protección de datos. Se discute cómo la evolución tecnológica, como el avance de la IA y el Big Data, podría influir en la legislación futura. También se contempla el papel de la conciencia pública y la demanda de mayor control sobre los datos personales, así como las implicaciones para las empresas en términos de innovación y adaptabilidad.

Influencia de las Nuevas Tecnologías en la Legislación

La influencia de las nuevas tecnologías en la legislación de protección de datos es un tema complejo y en constante evolución. Primero, la aparición de tecnologías como la inteligencia artificial y el Big Data ha llevado a los legisladores a enfrentar desafíos únicos en cuanto a la privacidad y el uso de datos personales. Estas tecnologías, capaces de procesar grandes volúmenes de información, plantean preguntas sobre consentimiento y transparencia.

En segundo lugar, el rápido desarrollo tecnológico obliga a una revisión continua de las leyes existentes. La legislación debe adaptarse para abordar las nuevas formas en que se recopilan, analizan y utilizan los datos, garantizando que se protejan los derechos de los individuos.

Además, la evolución de la tecnología ha llevado a un enfoque más proactivo en la legislación de privacidad de datos. Los legisladores están empezando a anticipar los posibles problemas de privacidad y seguridad antes de que surjan, creando leyes que son más robustas y previsoras.

Otro aspecto importante es la colaboración internacional en la formulación de legislaciones. Las tecnologías de la información y la comunicación trascienden las fronteras nacionales, lo que requiere un enfoque coordinado y coherente a nivel global para la regulación de la privacidad de datos.

Por último, estas tendencias indican un futuro en el que la legislación de privacidad de datos estará en constante evolución, tratando de mantenerse al día con el ritmo de la innovación tecnológica. Esto implica un desafío continuo para las empresas, que deben adaptarse rápidamente a las cambiantes normativas para asegurar el cumplimiento y proteger los derechos de los usuarios.

La Creciente Demanda de Control de Datos Personales

La demanda de control sobre los datos personales ha aumentado significativamente en la sociedad actual. Los individuos, cada vez más conscientes de sus derechos de privacidad, exigen un mayor control y transparencia sobre cómo se recopilan y utilizan sus datos. Esta tendencia ha sido impulsada en parte por el aumento de la conciencia pública sobre las violaciones de datos y los riesgos asociados con el manejo inadecuado de la información personal.

Las legislaciones como el GDPR han jugado un papel crucial en esta transformación, otorgando a los ciudadanos derechos explícitos sobre sus datos personales. Estas leyes han establecido un nuevo estándar para el consentimiento y la gestión de datos, lo que a su vez ha obligado a las empresas a revisar y mejorar sus prácticas de privacidad y protección de datos.

Paralelamente, la tecnología ha facilitado a los usuarios el acceso a sus datos y la capacidad de controlar cómo se usan. Las herramientas y aplicaciones que permiten a los individuos gestionar sus preferencias de privacidad y consentimiento son cada vez más comunes, ofreciendo a los usuarios una mayor autonomía sobre su información personal.

Sin embargo, este aumento en la demanda de control sobre los datos personales también presenta desafíos para las empresas. Deben equilibrar la necesidad de recopilar y usar datos para sus operaciones y estrategias de marketing con los derechos de privacidad de los individuos. Esto ha llevado a la innovación en las estrategias de recopilación de datos y en el desarrollo de sistemas que respeten la privacidad del usuario.

En resumen, la creciente demanda de control sobre los datos personales está remodelando el panorama de la privacidad y la protección de datos. Con los usuarios cada vez más empoderados y las leyes que respaldan este cambio, las empresas enfrentan el desafío de adaptarse a estas nuevas expectativas, lo que a su vez está impulsando la innovación y el cambio en el ámbito de la privacidad de datos.

Predicciones y Escenarios Futuros

En el futuro de las leyes de protección de datos, se anticipa una evolución continua para adaptarse a los avances tecnológicos. Con la creciente integración de la inteligencia artificial y el Big Data en la vida cotidiana, las leyes deberán abordar desafíos emergentes relacionados con la privacidad y el uso de datos. Esto podría llevar a regulaciones más estrictas y detalladas, enfocándose en la transparencia y el control del usuario sobre sus datos personales.

Se espera que la demanda de mayor transparencia y control sobre los datos personales siga creciendo, impulsando a las empresas a adoptar prácticas centradas en el usuario y éticamente responsables. Los consumidores cada vez más informados buscarán activamente empresas que respeten su privacidad y manejen sus datos de manera segura.

La colaboración internacional en la formulación de leyes de privacidad podría fortalecerse para establecer estándares globales. Esto ayudaría a abordar las preocupaciones comunes sobre la protección de datos y facilitaría el cumplimiento por parte de las empresas que operan a nivel mundial.

Además, es probable que surjan desafíos legales y éticos relacionados con nuevas tecnologías como la realidad aumentada y el internet de las cosas. Estos avances podrían crear situaciones no contempladas por las legislaciones actuales, necesitando una respuesta legislativa innovadora y adaptativa.

En resumen, el futuro de la legislación de protección de datos se perfila como un campo en constante evolución, donde la adaptabilidad y el cumplimiento proactivo serán cruciales. Las empresas deberán estar preparadas para adaptarse rápidamente a las cambiantes normativas para proteger los derechos de los usuarios y mantener la confianza del cliente.

Impacto en Estrategias de Negocio y Marketing

El impacto de las regulaciones de protección de datos en las estrategias de negocio y marketing es considerable. Las empresas han tenido que reevaluar cómo recopilan y utilizan los datos del consumidor, asegurándose de cumplir con las normativas sin comprometer la eficacia de sus estrategias de marketing. La necesidad de consentimiento explícito y transparencia ha llevado a un cambio hacia estrategias de marketing más centradas en el cliente, donde se prioriza la construcción de confianza y relaciones a largo plazo.

En respuesta a estas regulaciones, ha habido un auge en la adopción de técnicas de marketing de permiso y enfoques de marketing de contenido. Las empresas están invirtiendo más en conocer a sus clientes y en brindar valor a través de contenido relevante y personalizado, lo que a su vez promueve una participación más significativa y voluntaria de los clientes.

Además, estas regulaciones han impulsado la innovación en el ámbito del análisis de datos. Las empresas están desarrollando métodos más sofisticados y éticos para analizar datos de clientes, lo que les permite obtener insights valiosos sin violar su privacidad. Esto incluye el uso de análisis predictivo y la segmentación de audiencias de manera que respete las normativas de privacidad.

Sin embargo, el desafío de cumplir con estas leyes también puede limitar ciertas prácticas de marketing, especialmente aquellas que dependen de la recopilación masiva de datos. Las empresas deben ser creativas y estratégicas en la forma en que recopilan y utilizan los datos, asegurándose de que cada interacción con el cliente agregue valor y fomente el compromiso.

En conclusión, el impacto de las leyes de protección de datos en las estrategias de negocio y marketing es un catalizador para el cambio. Impulsa a las empresas a ser más transparentes, centradas en el cliente y a adoptar prácticas de marketing más éticas y efectivas. A largo plazo, estas adaptaciones no solo aseguran el cumplimiento legal, sino que también pueden fortalecer la relación entre la marca y el consumidor.

Preparación para el Cambio Regulatorio

La preparación para el cambio regulatorio en el contexto de las leyes de protección de datos es una tarea crucial para las empresas. Esta preparación comienza con una vigilancia constante del entorno legal para identificar y comprender los cambios y tendencias emergentes en la legislación. Las empresas deben ser proactivas, no solo reactivas, anticipando posibles ajustes en las leyes y adaptando sus políticas y prácticas con antelación.

Una estrategia efectiva incluye la colaboración entre los departamentos legal, de TI y de marketing para asegurar una comprensión completa y un enfoque unificado. La capacitación y concienciación del personal son también fundamentales, ya que todos los empleados juegan un papel en el cumplimiento y la protección de datos.

Además, la adaptabilidad tecnológica es clave. Las herramientas y sistemas deben ser flexibles para adaptarse a nuevos requisitos legales, especialmente en lo que respecta al manejo y seguridad de los datos personales. La inversión en tecnología adecuada puede facilitar significativamente el cumplimiento y la gestión eficiente de los datos.

La preparación también implica un análisis de riesgos continuo y la implementación de planes de contingencia para posibles escenarios de incumplimiento. Esto asegura que la empresa pueda responder rápidamente y de manera efectiva ante cualquier infracción legal.

En resumen, prepararse para el cambio regulatorio requiere un enfoque integral y proactivo. Al mantenerse informadas, adaptativas y bien equipadas, las empresas pueden navegar con éxito en el cambiante panorama de la legislación de protección de datos.

4. Resumen de la Sección VI

La exploración del impacto del GDPR y otras regulaciones similares revela cómo estas leyes han transformado el manejo de datos personales. La necesidad de consentimiento claro y transparencia ha llevado a las empresas a reevaluar y modificar sus prácticas de recopilación y uso de datos.

Al comparar la legislación de protección de datos en diferentes regiones, se destaca la diversidad en las regulaciones globales. Esto presenta retos únicos para las empresas multinacionales, que deben navegar y cumplir con un mosaico de leyes de privacidad.

Mirando hacia el futuro, se prevé que la legislación continúe evolucionando para abordar los desafíos presentados por las tecnologías emergentes. Esto subraya la importancia de la adaptabilidad y la preparación proactiva para cambios legislativos.

El impacto de estas leyes en las estrategias de negocio y marketing es significativo. Las empresas han tenido que adaptar sus métodos para garantizar tanto el cumplimiento como la eficacia en sus interacciones con los clientes.

La preparación para el cambio regulatorio es esencial. Las organizaciones deben permanecer informadas y flexibles, adaptándose rápidamente a las nuevas regulaciones para proteger los derechos de los usuarios y mantener la confianza del cliente.

VII. TECNOLOGÍAS EMERGENTES

*E*n esta sección se examina cómo la inteligencia artificial (IA), el Big Data y el Internet de las Cosas (IoT) están redefiniendo la privacidad y la recopilación de datos. Se analiza el impacto de estas tecnologías en la capacidad para recopilar y analizar grandes volúmenes de datos, y las implicaciones para la privacidad y la seguridad de los usuarios. Esta sección también explora cómo estas tecnologías emergentes están transformando las estrategias empresariales y los desafíos que presentan para el cumplimiento normativo.

1. Inteligencia Artificial y Privacidad de Datos

Este capítulo se enfoca en cómo la IA está transformando la recopilación y análisis de datos. Se examinan las ventajas y riesgos de la IA en términos de privacidad, incluyendo el potencial de violaciones inadvertidas de datos y la necesidad de regulaciones específicas.

Avances en IA y Análisis de Datos

Los avances en la inteligencia artificial (IA) y el análisis de datos han revolucionado numerosos sectores, desde la medicina hasta el marketing. La IA permite el procesamiento y análisis de grandes volúmenes de datos a una velocidad y precisión inimaginables hace solo una década. Esto ha abierto nuevas posibilidades para el descubrimiento de patrones y tendencias que antes pasaban desapercibidos.

La aplicación de la IA en el análisis de datos no se limita solo a la eficiencia operativa; también ha transformado la toma de decisiones y la estrategia empresarial. Las empresas ahora pueden utilizar algoritmos avanzados para predecir tendencias de mercado, comportamientos de consumidores y riesgos potenciales, lo que les permite tomar decisiones más informadas y estratégicas. Sin embargo, este progreso no está exento de desafíos. El manejo ético y responsable de los datos recopilados es una preocupación creciente. La privacidad de los usuarios y la seguridad de sus datos personales son aspectos cruciales que deben ser abordados, a medida que la IA se vuelve más integrada en nuestras vidas cotidianas.

Además, la creciente dependencia de la IA y el análisis de datos plantea preguntas sobre la precisión y la imparcialidad de estos sistemas. Los sesgos en los datos o en los algoritmos pueden llevar a resultados erróneos o discriminatorios, lo que subraya la necesidad de una supervisión y regulación cuidadosas en el desarrollo de la IA.

En resumen, los avances en IA y análisis de datos están redefiniendo las posibilidades en múltiples campos, pero también exigen un enfoque equilibrado que considere tanto las oportunidades como los desafíos éticos y de privacidad asociados con estas tecnologías emergentes.

Impacto de la IA en la Privacidad Personal

El impacto de la inteligencia artificial (IA) en la privacidad personal es profundo y multifacético. Primero, la IA, con su capacidad para procesar grandes cantidades de datos personales, plantea desafíos significativos para la privacidad. Esto incluye preocupaciones sobre cómo se recopilan, almacenan y utilizan estos datos, especialmente en contextos donde el consentimiento del usuario puede no ser claro o explícito.

En segundo lugar, la precisión y la imparcialidad de los algoritmos de IA son cruciales. Existe el riesgo de que los algoritmos basados en datos sesgados puedan llevar a conclusiones erróneas o discriminatorias, afectando la privacidad y los derechos de los individuos. Esto subraya la importancia de desarrollar IA de manera ética y responsable.

Tercero, la transparencia en el funcionamiento de los sistemas de IA es esencial para la confianza del usuario. Los individuos deben poder entender cómo se utilizan sus datos y por qué, lo que requiere un esfuerzo por parte de las empresas para hacer que sus procesos de IA sean más transparentes y comprensibles.

Además, la regulación de la IA en relación con la privacidad personal se está convirtiendo en un campo de creciente interés para los legisladores. La implementación de leyes que regulen el uso de la IA y protejan los datos personales es fundamental para salvaguardar la privacidad individual.

Por último, la IA ofrece el potencial para mejorar la protección de la privacidad, si se utiliza de manera responsable. Por ejemplo, puede ayudar a detectar y prevenir violaciones de datos o a mejorar la seguridad de los sistemas de información. Sin embargo, lograr este equilibrio entre aprovechar los beneficios de la IA y proteger la privacidad personal es uno de los desafíos clave en esta era digital.

Desafíos Éticos y Legales

Los desafíos éticos y legales de la inteligencia artificial y el Big Data son múltiples y significativos. Primero, la cuestión del consentimiento y la transparencia en el uso de datos personales por la IA es crucial. Los usuarios deben estar informados de cómo se utilizan sus datos y tener un control significativo sobre este proceso.

En segundo lugar, el riesgo de sesgo en los algoritmos de IA es una preocupación ética importante. Los sistemas de IA pueden perpetuar o incluso exacerbar los sesgos preexistentes si los datos utilizados para entrenarlos son parciales.

Tercero, la legislación actual puede ser insuficiente para abordar las complejidades de la IA y el Big Data. Esto plantea la necesidad de desarrollar nuevas leyes y regulaciones que protejan efectivamente la privacidad y los derechos individuales en la era digital.

Cuarto, existe la necesidad de un diálogo continuo entre tecnólogos, legisladores y la sociedad para asegurar que el desarrollo de la IA y el Big Data se alinee con los valores éticos y legales.

Finalmente, el equilibrio entre promover la innovación tecnológica y proteger los derechos y la privacidad de los individuos es fundamental. Las empresas y los desarrolladores de tecnología deben ser conscientes de estas consideraciones éticas y legales para construir sistemas de IA y aplicaciones de Big Data que sean justos, transparentes y respetuosos con la privacidad de los usuarios.

Casos de Uso y Aplicaciones Prácticas

En el contexto de la inteligencia artificial (IA) y el Big Data, los casos de uso y aplicaciones prácticas son diversos y están transformando múltiples sectores. En el campo de la salud, la IA está revolucionando los diagnósticos y tratamientos. Mediante el análisis de grandes conjuntos de datos de pacientes, se puede mejorar la precisión de los diagnósticos y personalizar tratamientos, lo que resulta en una medicina más efectiva y adaptada a las necesidades individuales.

En el comercio, el Big Data y la IA están permitiendo una comprensión más profunda del comportamiento del consumidor. Las empresas utilizan estos datos para personalizar la experiencia del cliente, mejorando la satisfacción y fidelización. Además, estas tecnologías optimizan la cadena de suministro y la gestión de inventarios, lo que lleva a operaciones más eficientes y rentables. En cuanto a la seguridad, la IA y el Big Data proporcionan herramientas avanzadas para el análisis predictivo. Se utilizan en la detección y prevención de fraudes y otras actividades ilícitas, mejorando significativamente la capacidad de las organizaciones para anticipar y responder a amenazas.

En el sector financiero, estas tecnologías están transformando la gestión de inversiones y la evaluación de riesgos. La IA puede analizar grandes cantidades de datos del mercado para identificar tendencias y oportunidades de inversión, mientras que el Big Data se utiliza para evaluar los riesgos de manera más precisa y tomar decisiones financieras más informadas.

Finalmente, en el transporte y la logística, la IA y el Big Data están mejorando la eficiencia y sostenibilidad. Se utilizan para optimizar las rutas de tráfico, la gestión de flotas y la logística de entrega, contribuyendo a sistemas de transporte más inteligentes y sostenibles. Estos avances no solo mejoran la eficiencia operativa, sino que también tienen el potencial de reducir significativamente la huella de carbono en el sector.

Regulaciones y Políticas Futuras

Las regulaciones y políticas futuras en el ámbito de la inteligencia artificial (IA) y el Big Data probablemente se centrarán en abordar los desafíos emergentes planteados por estas tecnologías. Se espera que las futuras regulaciones evolucionen para garantizar un equilibrio entre fomentar la innovación y proteger la privacidad y los derechos individuales. Las políticas podrían incluir directrices más estrictas para el consentimiento de datos, mayor transparencia en el uso de algoritmos de IA y normas para prevenir el sesgo en el Big Data.

La necesidad de regulaciones internacionales coherentes se volverá más crítica a medida que la IA y el Big Data sigan trascendiendo fronteras. Esto podría dar lugar a la creación de marcos regulatorios globales o a la armonización de las leyes existentes para facilitar una colaboración y cumplimiento más efectivos a nivel internacional.

Además, se anticipa que las políticas futuras prestarán mayor atención a la seguridad de los datos en el contexto de la IA y el Big Data. Esto podría incluir la implementación de estándares de seguridad más robustos y medidas para proteger contra violaciones de datos y ciberataques.

La regulación de la ética en IA es otro aspecto que probablemente se desarrollará en las políticas futuras. Esto incluiría directrices para garantizar que los desarrollos en IA se realicen de manera ética y responsable, considerando los impactos sociales y morales.

Finalmente, se espera que las políticas futuras promuevan la investigación y el desarrollo en áreas como la privacidad mejorada y la IA explicativa. Esto ayudaría a desarrollar tecnologías que no solo sean avanzadas, sino también respetuosas con los principios de privacidad y transparencia.

2. Big Data y Gestión de la Información

Este capítulo aborda cómo el Big Data está redefiniendo la gestión de información. Se discuten las oportunidades y desafíos que presenta el Big Data para las empresas, incluyendo el almacenamiento, análisis y la protección de grandes conjuntos de datos.

Fundamentos y Evolución del Big Data

El Big Data ha revolucionado la forma en que se manejan y analizan los datos en diversas industrias. Esta revolución comenzó con el aumento exponencial en la cantidad de datos generados por fuentes digitales, lo que requería nuevas técnicas y tecnologías para su procesamiento y análisis. El Big Data se caracteriza por su volumen, velocidad y variedad, lo que representa desafíos significativos en términos de almacenamiento y análisis, pero también ofrece oportunidades sin precedentes para obtener insights y tomar decisiones informadas.

A medida que el Big Data se ha ido desarrollando, se ha visto una evolución en las herramientas y métodos utilizados para su manejo. Los avances en tecnologías de almacenamiento y algoritmos de procesamiento han permitido a las empresas gestionar y analizar grandes conjuntos de datos de manera más eficiente. Además, la integración del Big Data con tecnologías como la inteligencia artificial y el aprendizaje automático ha abierto nuevas posibilidades para la predicción y la personalización.

Sin embargo, junto con estos avances, han surgido desafíos relacionados con la privacidad y la seguridad de los datos. La gestión responsable del Big Data implica garantizar la protección de los datos personales y la conformidad con las regulaciones de privacidad. Esto ha llevado a un enfoque creciente en la ética del Big Data y en la implementación de prácticas de manejo de datos que respeten los derechos de los individuos.

Otra consideración importante en la evolución del Big Data es el impacto que tiene en la toma de decisiones empresariales. El análisis de Big Data permite a las empresas identificar tendencias, optimizar procesos y tomar decisiones basadas en datos. Esto puede conducir a una ventaja competitiva significativa en un mercado cada vez más orientado a los datos.

En resumen, el Big Data ha transformado la forma en que las empresas y las organizaciones operan, ofreciendo valiosas oportunidades para el análisis y la toma de decisiones. Sin embargo, este poder viene acompañado de la responsabilidad de gestionar los datos de manera ética y segura, respetando la privacidad y los derechos de las personas.

Big Data en la Práctica Empresarial

El Big Data en la práctica empresarial ha transformado significativamente cómo las empresas operan y toman decisiones. Su aplicación va desde la optimización de procesos internos hasta la personalización de la experiencia del cliente. Por ejemplo, en el sector del retail, el Big Data permite a las empresas analizar patrones de compra y comportamiento del consumidor, lo que conduce a estrategias de marketing más efectivas y a una mejor gestión del inventario.

En el ámbito de la atención al cliente, el Big Data se utiliza para analizar las interacciones y feedback de los clientes, mejorando así la calidad del servicio y la satisfacción del cliente. Esto no solo ayuda a resolver problemas de manera más eficiente, sino que también brinda oportunidades para anticiparse a las necesidades del cliente.

En términos de operaciones y logística, el Big Data ofrece a las empresas la capacidad de optimizar sus cadenas de suministro y procesos de producción. Analizando grandes cantidades de datos operativos, las empresas pueden identificar áreas de ineficiencia y mejorar la gestión de recursos.

Además, el Big Data está jugando un papel crucial en la toma de decisiones estratégicas. Al proporcionar una visión más clara y basada en datos del mercado y de la competencia, las empresas pueden planificar y ejecutar estrategias con mayor confianza y precisión.

En resumen, el Big Data se ha convertido en una herramienta indispensable en el mundo empresarial moderno. Su capacidad para transformar grandes volúmenes de datos en insights valiosos permite a las empresas ser más ágiles, eficientes y orientadas al cliente en un mercado cada vez más competitivo y basado en datos.

Implicaciones en la Privacidad y Seguridad

Las implicaciones en la privacidad y seguridad relacionadas con el Big Data son significativas y multifacéticas. Primero, la recolección y análisis de grandes volúmenes de datos personales plantean preocupaciones sobre la privacidad del individuo. La gestión adecuada y ética de estos datos es fundamental para proteger la privacidad y evitar el uso indebido de la información personal.

En segundo lugar, la seguridad de los datos es un desafío crítico. A medida que las empresas recopilan más datos, se vuelven más susceptibles a violaciones de seguridad y ciberataques. Por lo tanto, la implementación de medidas de seguridad robustas es esencial para proteger los datos contra accesos no autorizados y otros riesgos.

Además, el cumplimiento de las regulaciones de protección de datos es un aspecto crucial. Las empresas deben asegurarse de que sus prácticas de manejo y análisis de Big Data cumplan con las leyes de privacidad aplicables, lo que puede ser especialmente desafiante en un panorama regulatorio global diverso.

Otro aspecto importante es la transparencia en el uso de Big Data. Las empresas deben ser claras sobre cómo recopilan, almacenan y utilizan los datos, y proporcionar a los usuarios opciones y controles adecuados sobre su información personal.

Finalmente, la ética en el uso del Big Data es una consideración vital. Las empresas deben abordar las preocupaciones éticas relacionadas con la privacidad y la seguridad de los datos, y trabajar para ganar y mantener la confianza de los usuarios al demostrar que manejan sus datos de manera responsable y segura.

Innovaciones Tecnológicas en Big Data

Las innovaciones tecnológicas en el Big Data están impulsando cambios significativos en diversas industrias. Una de las áreas más prominentes de innovación es la mejora en las capacidades de almacenamiento y procesamiento de datos. Los avances en la tecnología de almacenamiento en la nube y en los sistemas de bases de datos permiten manejar volúmenes de datos cada vez mayores de manera más eficiente y rentable.

Otra área de innovación importante es el desarrollo de algoritmos más sofisticados para el análisis de Big Data. Estos algoritmos, impulsados por avances en inteligencia artificial y aprendizaje automático, permiten extraer insights más profundos y precisos de grandes conjuntos de datos. Esto tiene aplicaciones que van desde la predicción de tendencias de mercado hasta el descubrimiento de nuevas oportunidades de negocio.

Además, la integración del Big Data con otras tecnologías emergentes, como el Internet de las Cosas (IoT), está abriendo nuevas posibilidades para la recopilación y análisis de datos. Los dispositivos conectados generan una cantidad enorme de datos en tiempo real, proporcionando una fuente rica para análisis y toma de decisiones basadas en datos.

Las innovaciones en la visualización de datos también están transformando la forma en que las empresas interactúan con el Big Data. Herramientas de visualización más avanzadas y accesibles están facilitando a los usuarios no técnicos comprender y utilizar los datos en sus actividades diarias.

Finalmente, la creciente preocupación por la privacidad y la seguridad de los datos está impulsando innovaciones en la forma en que se protegen los datos. Esto incluye el desarrollo de nuevas técnicas y tecnologías para la encriptación de datos, así como enfoques más robustos para la seguridad de datos en general. Estas innovaciones no solo buscan proteger los datos contra accesos no autorizados, sino también garantizar que el uso del Big Data se haga de manera ética y responsable.

Tendencias Futuras y Predicciones

Las tendencias futuras y predicciones en el ámbito del Big Data apuntan hacia una continua evolución e innovación. Se anticipa un mayor enfoque en la integración del Big Data con tecnologías emergentes como la inteligencia artificial y el Internet de las Cosas (IoT). Esta integración permitirá análisis más sofisticados y automatizados, abriendo nuevas posibilidades para el uso de datos en tiempo real en una variedad de industrias.

Además, se espera que la tecnología de procesamiento de datos en tiempo real se vuelva más prevalente. Esto permitirá a las empresas y organizaciones tomar decisiones más rápidas y basadas en datos, una ventaja competitiva crucial en el mercado actual.

Otra tendencia es el desarrollo continuo de tecnologías de protección y privacidad de datos. A medida que crece la conciencia sobre la importancia de la seguridad de los datos, se desarrollarán métodos más avanzados para proteger la información contra violaciones y usos indebidos.

También es probable que veamos una mayor democratización del Big Data. Las herramientas y tecnologías se volverán más accesibles, permitiendo a un espectro más amplio de usuarios y organizaciones aprovechar el poder del análisis de Big Data, independientemente de su tamaño o capacidad técnica.

Por último, la ética en el Big Data seguirá siendo un tema de debate y desarrollo. La necesidad de equilibrar la innovación y la eficiencia con la responsabilidad y el respeto por la privacidad individual será un desafío constante, pero crucial, para el futuro del Big Data.

3. Internet de las Cosas y Seguridad de Datos

En este capítulo se explora el impacto del IoT en la recopilación y seguridad de datos. Se analiza cómo los dispositivos conectados contribuyen a la generación de datos masivos y los desafíos que esto representa para la protección de datos.

Expansión del IoT y Generación de Datos

La expansión del Internet de las Cosas (IoT) ha llevado a una generación de datos sin precedentes. Dispositivos conectados, desde electrodomésticos hasta sensores industriales, están generando continuamente una gran cantidad de datos. Esta proliferación de dispositivos IoT ofrece oportunidades significativas para el análisis de datos en tiempo real, lo que puede mejorar la eficiencia operativa y la toma de decisiones en diversas industrias.

El volumen masivo de datos generados por estos dispositivos plantea desafíos significativos en términos de almacenamiento, procesamiento y análisis. Las empresas deben desarrollar infraestructuras capaces de manejar esta inundación de datos de manera eficiente. Además, la calidad y la relevancia de los datos recopilados son cruciales para obtener insights valiosos.

Otro aspecto importante es la seguridad y la privacidad de los datos generados por dispositivos IoT. Dada la naturaleza a menudo personal o sensible de estos datos, es esencial implementar medidas de seguridad robustas para protegerlos de accesos no autorizados y ciberataques.

Además, el IoT está impulsando la innovación en campos como la inteligencia artificial y el aprendizaje automático. La capacidad de procesar y analizar grandes cantidades de datos de IoT en tiempo real está abriendo nuevas posibilidades para aplicaciones avanzadas en estas áreas.

Por último, se espera que la expansión del IoT continúe acelerándose, lo que llevará a una integración aún mayor de dispositivos conectados en nuestra vida cotidiana y en operaciones industriales. Esto no solo transformará la forma en que interactuamos con la tecnología, sino que también proporcionará oportunidades sin precedentes para el análisis y uso de datos en una escala masiva.

Riesgos y Vulnerabilidades en el IoT

Los riesgos y vulnerabilidades en el Internet de las Cosas (IoT) son un tema de creciente preocupación. Primero, la seguridad de los dispositivos IoT es un desafío significativo. Muchos de estos dispositivos tienen vulnerabilidades que pueden ser explotadas por ciberataques, lo que representa un riesgo tanto para los usuarios como para las redes a las que están conectados.

En segundo lugar, la vasta cantidad de datos generados por dispositivos IoT plantea riesgos de privacidad. La recopilación de datos personales y sensibles debe manejarse con cuidado para evitar violaciones de privacidad. La protección de estos datos contra accesos no autorizados es crucial.

Además, la integración de dispositivos IoT en sistemas críticos, como infraestructuras de energía o sistemas de transporte, introduce el riesgo de que un ataque o fallo pueda tener consecuencias catastróficas. La dependencia de estos sistemas en la tecnología IoT requiere una gestión de seguridad robusta.

Otro aspecto de considerar es la falta de estándares uniformes en el IoT. Esta falta de estandarización puede llevar a inconsistencias en la seguridad y dificultar la implementación de medidas de protección efectivas en diferentes dispositivos y plataformas.

Finalmente, la rápida expansión y evolución del IoT significa que los riesgos y vulnerabilidades están en constante cambio. Mantenerse al día con estas amenazas emergentes y desarrollar estrategias de seguridad adecuadas es un proceso continuo y esencial para garantizar la seguridad y la privacidad en el ecosistema del IoT.

Estrategias de Protección y Seguridad

Desarrollar estrategias de protección y seguridad en el ámbito del Internet de las Cosas (IoT) es esencial para mitigar los riesgos asociados con estos dispositivos. Una estrategia clave es la implementación de sólidas medidas de seguridad en los propios dispositivos IoT, incluyendo encriptación robusta y autenticación segura para prevenir accesos no autorizados.

Otro aspecto importante es la seguridad a nivel de red. Las redes que conectan dispositivos IoT deben estar protegidas para evitar que los ciberataques se propaguen a través de los dispositivos conectados. Esto incluye el uso de firewalls, sistemas de detección y prevención de intrusiones, y segmentación de red.

La gestión y actualización constantes de software y firmware son críticas. Los fabricantes de dispositivos IoT deben proporcionar actualizaciones regulares para abordar vulnerabilidades conocidas. Por su parte, los usuarios deben asegurarse de instalar estas actualizaciones para mantener la seguridad de sus dispositivos.

Además, es fundamental la concienciación y formación en seguridad para los usuarios de dispositivos IoT. Los usuarios deben estar informados sobre los riesgos de seguridad y las mejores prácticas para proteger sus dispositivos, como el cambio regular de contraseñas y la desactivación de funciones innecesarias.

Finalmente, es esencial el desarrollo e implementación de políticas y estándares de seguridad específicos para IoT. Estas políticas deben abordar tanto la producción de dispositivos como su uso, y fomentar la adopción de prácticas de seguridad efectivas a lo largo de todo el ecosistema del IoT.

Casos de Éxito y Fracaso

En el contexto del Internet de las Cosas (IoT), los casos de éxito y fracaso ilustran puntos clave sobre la implementación y el impacto de esta tecnología. Los éxitos generalmente se encuentran en aplicaciones que mejoran la eficiencia operativa y la experiencia del usuario, como sistemas de automatización del hogar y soluciones de gestión inteligente en ciudades. Estos casos destacan el potencial del IoT para ofrecer soluciones innovadoras y prácticas.

Por otro lado, los fracasos en el IoT a menudo están relacionados con brechas de seguridad o fallos en la implementación. Estos casos resaltan la importancia crítica de abordar la seguridad y la privacidad de los datos en el diseño y despliegue de dispositivos

IoT. También subrayan las consecuencias potencialmente graves de no hacerlo, incluyendo violaciones de datos y pérdida de confianza del consumidor.

Además, el análisis de casos de fracaso en el IoT revela lecciones valiosas sobre la necesidad de pruebas exhaustivas y consideración de escenarios de uso en el mundo real. Estos fracasos suelen ser una oportunidad para aprender y mejorar en futuras iteraciones y desarrollos.

En términos de éxito, un factor común es la colaboración efectiva entre diferentes sectores para desarrollar soluciones de IoT cohesivas y bien integradas. Esto incluye asociaciones entre fabricantes de hardware, desarrolladores de software y proveedores de servicios.

En conclusión, los casos de éxito y fracaso en el IoT ofrecen perspectivas importantes sobre las mejores prácticas, riesgos y estrategias para la implementación exitosa de esta tecnología. Estos casos son fundamentales para entender cómo maximizar el potencial del IoT y evitar los errores comunes en su aplicación.

Regulaciones y Consideraciones Futuras

Las regulaciones y consideraciones futuras en torno al Internet de las Cosas (IoT) son un área de creciente interés y desarrollo. Se espera que surjan nuevas regulaciones específicamente diseñadas para abordar los desafíos únicos que presenta el IoT, especialmente en lo que respecta a la seguridad y la privacidad de los datos. Estas regulaciones probablemente se centrarán en establecer estándares para la protección de datos y la seguridad de los dispositivos conectados, así como en la gestión y el uso ético de los datos generados por estos dispositivos.

La necesidad de un marco regulatorio internacional coherente para el IoT se hará más evidente. Dado que el IoT conecta dispositivos y redes a través de fronteras internacionales, será crucial desarrollar estándares y regulaciones que sean aplicables globalmente. Esto facilitará la interoperabilidad y garantizará un nivel mínimo de seguridad y protección de datos en todos los países.

Además, se anticipa que las futuras regulaciones del IoT prestarán una atención especial a los aspectos de consentimiento y transparencia. Los usuarios deben tener claro cómo se utilizan sus datos y tener un control adecuado sobre esta información. Esto podría incluir requisitos más estrictos para el consentimiento informado y opciones de privacidad más accesibles y comprensibles para el usuario promedio.

Otro aspecto importante es el impacto del IoT en sectores específicos, como la salud, el transporte y la infraestructura crítica. Las regulaciones podrían necesitar ser adaptadas para abordar los riesgos y desafíos específicos de cada sector, garantizando que el uso del IoT en estas áreas sea seguro y beneficioso.

En resumen, el futuro del IoT y su regulación probablemente se caracterizará por un enfoque más detallado y específico. Se necesitarán esfuerzos continuos para equilibrar los beneficios de esta tecnología con la necesidad de proteger a los usuarios y la sociedad en general. Las regulaciones futuras desempeñarán un papel crucial en la forma en que el IoT se integra y se utiliza en nuestra vida cotidiana y en los sistemas más amplios que sostienen nuestra sociedad.

4. Desafíos Legales y Éticos de las Nuevas Tecnologías

Este capítulo se centra en los desafíos legales y éticos presentados por las tecnologías emergentes. Se discute la necesidad de un marco legal y ético que evolucione con estas tecnologías para garantizar la protección efectiva de datos personales.

Aspectos Legales en la Era del Big Data y la IA

En la era del big data y la inteligencia artificial, los aspectos legales son cada vez más relevantes y complejos. La recopilación masiva de datos, a menudo de fuentes diversas y a gran escala, plantea serias preocupaciones sobre la privacidad y la protección de datos. Las leyes existentes, en muchos casos, no están preparadas para abordar las sutilezas y desafíos presentados por estas tecnologías avanzadas, lo que lleva a un vacío legal en áreas clave.

Una preocupación principal es el consentimiento y la transparencia en la recopilación y uso de datos. Con el big data, se hace difícil para los usuarios rastrear cómo y dónde se utilizan sus datos, lo que pone en duda la efectividad del consentimiento informado. Las leyes actuales pueden necesitar adaptarse para asegurar que los usuarios comprendan y controlen cómo se utilizan sus datos.

Otro desafío legal importante es la responsabilidad en el uso de la IA, especialmente en casos donde las decisiones automatizadas tienen un impacto significativo en la vida de las personas. Determinar la responsabilidad en situaciones donde los errores de la IA pueden tener consecuencias graves es un área que requiere una atención legal detallada.

Además, la lucha contra el sesgo y la discriminación en los algoritmos de IA es un área crítica. Asegurar que los sistemas de IA sean justos y no perpetúen desigualdades preexistentes es esencial, y las leyes deben evolucionar para abordar y mitigar estos riesgos.

Por último, se espera que la legislación futura se enfoque en equilibrar la promoción de la innovación tecnológica con la protección de los derechos individuales y la privacidad. Esto implica un delicado acto de equilibrio entre permitir el desarrollo tecnológico y asegurar que este desarrollo no comprometa los derechos fundamentales de los individuos.

Cuestiones Éticas en Tecnologías Emergentes

Las cuestiones éticas en las tecnologías emergentes como el big data y la inteligencia artificial son de vital importancia. Primero, el uso ético de los datos se ha convertido en un tema central, especialmente cuando se trata de información personal. La necesidad de considerar la privacidad del usuario y el consentimiento informado es fundamental en el diseño y la implementación de estas tecnologías.

En segundo lugar, el potencial de sesgo y discriminación en algoritmos de IA es una preocupación ética importante. Los sistemas automatizados, si se basan en datos sesgados, pueden perpetuar y amplificar desigualdades existentes. Esto plantea la necesidad de desarrollar algoritmos de IA de manera justa y equitativa.

Además, la transparencia en el funcionamiento de los sistemas de IA es crucial. Los usuarios y las partes afectadas deben poder entender cómo y por qué se toman decisiones automatizadas. Esto implica un desafío en términos de explicabilidad de los sistemas de IA, que a menudo son complejos y opacos.

Otro aspecto ético relevante es el impacto de estas tecnologías en el empleo y en la sociedad. A medida que la automatización y la IA se integran en más áreas, surge la preocupación sobre la pérdida de empleos y las implicaciones sociales de una creciente dependencia de sistemas automatizados.

Por último, la responsabilidad en el desarrollo y uso de tecnologías emergentes es un tema ético clave. Los desarrolladores, las empresas y los reguladores deben trabajar juntos para garantizar que estas tecnologías se utilicen de manera que beneficie a la sociedad y minimice los daños potenciales. Esto requiere un enfoque colaborativo y multidisciplinario para abordar los desafíos éticos en un entorno tecnológico en rápida evolución.

El Equilibrio entre Innovación y Privacidad

Encontrar el equilibrio entre la innovación y la privacidad en el desarrollo de tecnologías emergentes es un reto significativo. Por un lado, el avance en tecnologías como el big data y la inteligencia artificial ofrece un potencial enorme para el progreso en diversas áreas, desde la mejora de servicios de salud hasta la optimización de procesos empresariales. Sin embargo, este avance no debe lograrse a expensas de la privacidad y seguridad de los datos personales.

La innovación tecnológica debe ir acompañada de medidas que aseguren la protección de la privacidad. Esto implica desarrollar tecnologías de manera que incorporen la privacidad desde su diseño, conocido como "privacy by design". Esto significa que la privacidad del usuario no es un añadido, sino un componente integral del desarrollo tecnológico.

Además, es crucial una legislación efectiva que regule el uso de datos personales y asegure la transparencia en su manejo. Las leyes deben ser capaces de adaptarse a la rápida evolución tecnológica, garantizando que los derechos de privacidad se mantengan en un mundo cada vez más digitalizado y basado en datos.

Otro aspecto importante es la concienciación y educación sobre la privacidad, tanto para los desarrolladores de tecnología como para los usuarios. Los desarrolladores deben ser conscientes de las implicaciones éticas de sus creaciones, mientras que los usuarios deben estar informados sobre cómo se utilizan sus datos y cómo pueden proteger su privacidad.

En resumen, el equilibrio entre la innovación y la privacidad es fundamental en la era del big data y la IA. Requiere un enfoque colaborativo entre desarrolladores, legisladores, y la sociedad para garantizar que los beneficios de la tecnología se aprovechen de manera responsable y respetuosa con la privacidad individual.

Impacto en Políticas Globales de Datos

El impacto de las tecnologías emergentes como el big data y la inteligencia artificial en las políticas globales de datos es profundo y abarca varios aspectos. En primer lugar, estas tecnologías están impulsando una revisión y actualización de las políticas de privacidad y protección de datos a nivel mundial. Esto se debe a la necesidad de abordar nuevos desafíos relacionados con la recopilación, el análisis y el uso de grandes volúmenes de datos.

En segundo lugar, hay un creciente enfoque en la estandarización de las políticas de datos a nivel internacional. La globalización de la economía y la naturaleza transfronteriza de las tecnologías digitales hacen que sea esencial tener políticas coherentes y armonizadas que faciliten el intercambio de datos y la cooperación internacional, al tiempo que se protegen los derechos de los individuos.

Además, las políticas globales de datos están comenzando a reflejar una mayor conciencia sobre la importancia de equilibrar los beneficios económicos y tecnológicos del big data con las consideraciones éticas y de privacidad. Esto incluye el reconocimiento de que la recopilación y el uso de datos deben realizarse de manera responsable y transparente.

Otro aspecto importante es el papel de las organizaciones internacionales y los acuerdos multilaterales en la configuración de las políticas de datos. Estas entidades están jugando un papel cada vez más importante en la definición de normas y prácticas para la gestión de datos a nivel mundial, influenciando las políticas nacionales e internacionales.

En resumen, el big data y la IA están teniendo un impacto significativo en las políticas globales de datos, impulsando cambios y adaptaciones en la legislación y las prácticas a nivel mundial. Estos cambios buscan garantizar que la gestión de datos se realice de manera que beneficie a la sociedad en su conjunto, protegiendo al mismo tiempo la privacidad y los derechos de los individuos.

Futuro de la Legislación en Tecnologías Emergentes

El futuro de la legislación en tecnologías emergentes como el big data y la inteligencia artificial es un campo en constante evolución. Se espera que las futuras leyes se adapten para abordar los desafíos únicos planteados por estas tecnologías, enfocándose en aspectos como la privacidad de datos, la seguridad y la ética en el uso de sistemas automatizados.

Un aspecto clave será la creación de marcos legales que puedan mantenerse al día con el ritmo rápido de la innovación tecnológica. Esto podría incluir leyes más flexibles y adaptativas que puedan ajustarse rápidamente a nuevos desarrollos y aplicaciones.

Además, se anticipa un mayor enfoque en la regulación internacional y la cooperación. Dado que el big data y la IA tienen un alcance global, es crucial tener un enfoque coherente y armonizado a nivel internacional para regular estas tecnologías de manera efectiva.

Otra consideración importante será equilibrar la promoción de la innovación con la protección de los derechos individuales y la privacidad. Las futuras leyes deberán encontrar maneras de permitir que las empresas exploren las posibilidades de estas tecnologías emergentes, al tiempo que salvaguardan los intereses y la seguridad de los usuarios.

En resumen, el futuro de la legislación en tecnologías emergentes se centrará en la creación de un entorno legal que no solo responda a los desafíos actuales, sino que también sea capaz de anticipar y adaptarse a futuras innovaciones y cambios en el campo tecnológico.

5. Resumen de la Sección VII

En esta esta sección se explora cómo el big data y la IA están transformando la forma en que se recopilan, analizan y utilizan los datos. Se destaca su capacidad para proporcionar insights valiosos en varios sectores, pero también se abordan los desafíos relacionados con la privacidad y el consentimiento.

En el ámbito del IoT, se examina cómo la proliferación de dispositivos conectados está generando una cantidad sin precedentes de datos. Se discute el potencial de estos dispositivos para mejorar la vida cotidiana y las operaciones comerciales, así como los riesgos de seguridad y privacidad inherentes.

Los aspectos legales y éticos de estas tecnologías emergentes son un foco importante de la sección. Se debate sobre la necesidad de una legislación que evolucione con las tecnologías y proteja los derechos individuales, al tiempo que se aborda el desafío de evitar el sesgo y garantizar la transparencia en los sistemas de IA.

Las aplicaciones prácticas del big data y la IA se presentan a través de varios ejemplos, mostrando cómo pueden optimizar procesos y ofrecer soluciones personalizadas. Sin embargo, se enfatiza la importancia de manejar estos datos de manera ética y segura.

La sección también reflexiona sobre el futuro de estas tecnologías, anticipando más avances e innovaciones. Se espera que las futuras políticas y regulaciones aborden de manera más efectiva los desafíos que surgen de la rápida evolución tecnológica.

Finalmente, se concluye que el big data, la IA y el IoT tienen el potencial de seguir transformando el mundo, pero este progreso debe ir de la mano con un enfoque responsable y consciente de la privacidad, la seguridad y la ética.

VIII. NUESTRO LUGAR EN TODO ESTO

*E*sta última profundiza en cómo la era digital y el flujo constante de información impactan en nuestra sociedad. Se explora la transición desde una economía industrial a una dominada por la información y los datos. Se aborda la importancia de la conciencia y la comprensión de los datos en nuestras vidas diarias, resaltando cómo la información influye en decisiones, opiniones y políticas. Se discute la responsabilidad y la ética en la gestión de datos, subrayando la necesidad de prácticas éticas tanto a nivel personal como corporativo. Además, se reflexiona sobre el poder de los datos en la política y la sociedad, y se anticipan los desafíos y oportunidades futuros en un mundo cada vez más orientado a los datos. Esta sección concluye con una mirada hacia el futuro, contemplando cómo la evolución tecnológica continuará moldeando nuestra interacción con los datos y su impacto en la sociedad global.

1. La Evolución de la Economía de la Información

Este capítulo examina el desarrollo histórico de la economía de la información, destacando cómo los avances tecnológicos han cambiado la forma en que interactuamos con los datos. Se enfoca en la transición de la era industrial a la era digital.

De la Revolución Industrial a la Era Digital

La transición de la Revolución Industrial a la Era Digital ha sido una transformación fundamental en la historia humana. Originalmente, la Revolución Industrial marcó un cambio dramático desde la agricultura hacia la manufactura y la producción mecanizada. Con el tiempo, esta transformación allanó el camino para el auge de la Era Digital, caracterizada por el avance de las tecnologías de la información y una economía impulsada por los datos.

En la Era Digital, la información se ha convertido en el recurso más valioso, superando a los recursos físicos que dominaron la era industrial. Esta era se caracteriza por la rapidez en el procesamiento de información, la conectividad global y la innovación tecnológica constante. El impacto de esta transformación es vasto, afectando todos los aspectos de la vida moderna, desde cómo interactuamos socialmente hasta cómo se conducen los negocios y se toman decisiones políticas.

Sin embargo, este cambio también ha traído consigo desafíos significativos. La privacidad y la seguridad de los datos se han convertido en preocupaciones centrales, ya que la recopilación y el análisis de grandes cantidades de información personal se han vuelto prácticas comunes. La capacidad de manejar y proteger eficazmente estos datos es crucial en la era de la información.

Además, la Era Digital ha democratizado el acceso a la información, pero también ha exacerbado problemas como la desinformación y la polarización. La facilidad con la que se puede acceder y compartir información a menudo contrasta con la dificultad de verificar su veracidad. Esto plantea preguntas sobre cómo se consume, se interpreta y se utiliza la información en la sociedad contemporánea.

En resumen, la transición a la Era Digital ha sido una evolución significativa, marcando un cambio en el enfoque de lo físico a lo digital, de la producción a la información. Mientras la sociedad continúa navegando por esta era, la forma en que manejamos, protegemos y utilizamos la información seguirá siendo un tema de importancia crítica para el desarrollo futuro.

El Rol de la Tecnología en la Economía de la Información

El papel de la tecnología en la economía de la información es crucial y multifacético. Primero, la tecnología ha sido el motor de un cambio significativo en cómo se recopila, procesa y utiliza la información. Herramientas digitales y plataformas han facilitado la generación y el intercambio de datos a una escala sin precedentes.

En segundo lugar, la tecnología ha permitido el desarrollo de nuevas formas de comunicación y colaboración. La era digital ha traído consigo avances como el internet, las redes sociales y las plataformas de comunicación en línea, redefiniendo las interacciones sociales y empresariales.

Además, la tecnología ha transformado el panorama empresarial. La recopilación y análisis de big data han abierto nuevas oportunidades para la personalización, la predicción de tendencias y la toma de decisiones basada en datos. Esto ha llevado a un cambio en las estrategias empresariales y en la dinámica de mercado.

Otro aspecto clave es el impacto de la tecnología en el empleo y la economía. Mientras algunas industrias han experimentado disrupciones o cambios, otras han surgido o se han expandido, destacando la naturaleza cambiante del trabajo y las habilidades en la economía de la información.

Finalmente, la tecnología continúa planteando desafíos en términos de privacidad y seguridad de datos. La gestión ética y segura de la información personal se ha convertido en un tema crítico, resaltando la necesidad de un equilibrio entre innovación tecnológica y protección de los derechos individuales.

Impacto Social y Cultural de los Datos

El impacto social y cultural de los datos en la sociedad moderna es profundo y omnipresente. La era de la información ha llevado a un cambio significativo en cómo percibimos y interactuamos con el mundo. Los datos no solo impulsan decisiones empresariales y políticas, sino que también influyen en aspectos sociales y culturales, desde la educación hasta el entretenimiento.

Por otro lado, la omnipresencia de los datos y su análisis ha cambiado la forma en que comprendemos y abordamos problemas sociales. Los datos ofrecen una visión más clara de problemas como la desigualdad social y el cambio climático, permitiendo abordajes más informados y dirigidos.

Además, los datos han tenido un impacto significativo en la cultura y en la forma en que consumimos y creamos contenido. En el entretenimiento, por ejemplo, el análisis de datos influencia desde la producción de películas hasta la personalización de las recomendaciones en plataformas de streaming.

Más aún, la recopilación de datos también ha planteado preocupaciones sobre la privacidad y la seguridad, así como sobre el potencial de manipulación y desinformación. Esto ha llevado a un debate social y cultural sobre el equilibrio entre los beneficios y los riesgos del uso de datos.

Finalmente, los datos han democratizado el acceso a la información, pero también han resaltado la brecha digital. Mientras que algunos tienen acceso completo a los beneficios de la era de la información, otros quedan marginados debido a la falta de acceso a la tecnología. Este fenómeno ha llevado a cuestionamientos sobre la equidad en la era digital.

2. El Poder y la Política de los Datos

Aquí se explora el impacto político y de poder de los datos en la sociedad actual. Se analiza cómo los datos son utilizados para influir en la opinión pública y en las decisiones políticas, y la importancia de la transparencia y la regulación.

Datos en la Arena Política

El uso de datos en la arena política ha adquirido una relevancia sin precedentes en la era digital. La recopilación y análisis de datos se ha convertido en una herramienta clave en las campañas políticas, facilitando estrategias más precisas y personalizadas para llegar a los votantes. Este enfoque basado en datos ha transformado la manera en que los partidos y candidatos comprenden y se dirigen a sus electores.

Sin embargo, la utilización de datos en la política también ha generado preocupaciones éticas y legales, especialmente en lo que respecta a la privacidad y el consentimiento. La recopilación de datos personales de votantes sin su conocimiento claro o consentimiento explícito plantea cuestiones sobre la ética de estas prácticas.

Además, el uso de datos en la política ha llevado a un debate sobre la influencia de la desinformación y la manipulación. La capacidad de dirigir mensajes altamente personalizados a través de plataformas digitales puede ser utilizada no solo para informar, sino también para influir de manera engañosa en las opiniones y comportamientos de los votantes.

Otro aspecto en considerar es el impacto de los datos en la equidad y la representación en el proceso político. Mientras que algunos grupos pueden ser analizados y entendidos detalladamente, otros pueden ser inadvertidamente ignorados o mal interpretados debido a la falta de datos representativos.

En conclusión, el uso de datos en la política es una herramienta poderosa que ofrece oportunidades significativas para una participación más informada y efectiva. Sin embargo, debe manejarse con cuidado para garantizar que se respeten los principios de privacidad, equidad y transparencia.

Ética y Transparencia en el Uso de Datos

La ética y transparencia en el uso de datos son fundamentales en la era de la información. Primero, la ética en el manejo de datos personales es crucial, especialmente en un contexto donde la recopilación y el análisis de datos se han vuelto omnipresentes. Se plantea la necesidad de un manejo responsable y ético de los datos para proteger la privacidad y evitar el uso indebido de la información.

En segundo lugar, la transparencia en la recopilación y uso de datos es esencial para ganar y mantener la confianza del público. Esto implica ser claro sobre cómo se recogen los datos, para qué se utilizan y quién tiene acceso a ellos. La transparencia también incluye proporcionar a las personas el control sobre sus propios datos.

Además, en el ámbito político y empresarial, la ética y la transparencia en el uso de datos son críticas para mantener la integridad y la confianza en estas instituciones. La manipulación de datos o la falta de transparencia pueden llevar a una pérdida de confianza y a cuestionamientos sobre la legitimidad de las acciones basadas en dichos datos.

Otro aspecto importante es la creación de políticas y regulaciones que fomenten la ética y la transparencia en el uso de datos. Estas políticas deben garantizar que las prácticas de recopilación y análisis de datos respeten los derechos individuales y se realicen de manera abierta y justa.

En resumen, la ética y transparencia en el uso de datos son esenciales para construir una sociedad donde la información se maneje de manera justa y responsable. Estos principios son clave para asegurar que el poder de los datos se utilice de manera que beneficie a todos, sin comprometer la privacidad o la confianza.

Regulación y Control de la Información

La regulación y control de la información en la era digital es un tema complejo y de creciente importancia. En primer lugar, las leyes y regulaciones que rigen la recopilación y uso de datos deben evolucionar para mantenerse al día con los avances tecnológicos. Esto implica un desafío constante para los legisladores, que deben equilibrar la protección de la privacidad con la promoción de la innovación y el libre flujo de información.

En segundo lugar, el control de la información ha sido un tema de debate intenso, especialmente en lo que respecta a la censura y la libertad de expresión. En el entorno digital, donde la información puede difundirse rápidamente y a gran escala, determinar qué debe ser regulado y cómo hacerlo es un desafío significativo.

Además, el papel de las grandes corporaciones tecnológicas en la regulación y control de la información ha sido un punto de enfoque. Estas empresas, que poseen y operan las plataformas principales a través de las cuales se comparte la información, tienen una influencia considerable en cómo se manejan los datos y la información.

Otro aspecto importante es el impacto de la regulación y control de la información en la sociedad. Las decisiones sobre qué información se regula y cómo se hace pueden tener implicaciones amplias en la política, la educación, y la cultura. Es esencial un enfoque equilibrado que considere todas estas áreas.

Finalmente, la necesidad de cooperación internacional en la regulación de la información es cada vez más evidente. En un mundo interconectado, las acciones en un país pueden tener repercusiones globales. Por lo tanto, es crucial desarrollar enfoques y estándares comunes para la regulación y control de la información a nivel mundial.

3. Responsabilidad y Ética en la Era de la Información

Este capítulo se centra en la responsabilidad y la ética en el manejo de datos. Aborda la importancia de prácticas éticas en la recopilación y uso de datos, y la responsabilidad individual y corporativa en la era de la información.

Ética en la Recopilación y Uso de Datos

La ética en la recopilación y uso de datos es un aspecto fundamental en la economía de la información. Primero, la responsabilidad ética en la recopilación de datos implica obtener el consentimiento informado de los individuos y garantizar la transparencia sobre cómo se utilizarán sus datos.

En segundo lugar, la ética en el uso de datos se centra en asegurar que la información recopilada se utilice de manera justa y para propósitos legítimos. Esto incluye evitar la manipulación o el uso indebido de datos personales que puedan afectar negativamente a los individuos.

Además, la ética en el manejo de datos también aborda la necesidad de proteger la privacidad de los individuos. Las empresas y organizaciones deben implementar medidas de seguridad adecuadas para proteger los datos contra accesos no autorizados o brechas de seguridad.

Otro aspecto crucial es la responsabilidad de las empresas de ser transparentes en sus prácticas de recopilación y uso de datos. Deben proporcionar a los usuarios un claro entendimiento de cómo se están utilizando sus datos y ofrecer opciones para controlar su uso.

Finalmente, la ética en la recopilación y uso de datos requiere un enfoque constante en la actualización y mejora de las prácticas y políticas, para asegurar que se mantengan alineadas con los valores éticos y las expectativas de la sociedad.

Responsabilidad Corporativa y Personal

La responsabilidad corporativa y personal en el uso de datos es un tema crítico en la economía de la información. Las empresas, al operar en la era digital, tienen la responsabilidad de manejar los datos de manera ética y transparente. Esto implica garantizar la privacidad y seguridad de los datos de los usuarios y utilizar la información de manera que respete los derechos y expectativas de los individuos.

Desde una perspectiva personal, cada individuo tiene la responsabilidad de estar informado y consciente sobre cómo sus datos son recopilados y utilizados. Esto incluye entender las políticas de privacidad de los servicios que utilizan y ser proactivos en la gestión de sus propios datos, como ajustar la configuración de privacidad en plataformas digitales.

Además, la responsabilidad corporativa abarca la necesidad de que las empresas sean transparentes sobre sus prácticas de recopilación y uso de datos. Deben proporcionar información clara sobre cómo se recopilan los datos, para qué se utilizan y cómo se protegen, permitiendo a los usuarios tomar decisiones informadas.

Otro aspecto importante es el rol de la educación en la promoción de la responsabilidad en el uso de datos. Tanto las empresas como los individuos se benefician de una mayor comprensión sobre los aspectos éticos y prácticos del manejo de datos en la era digital.

En conclusión, la responsabilidad corporativa y personal en la gestión de datos es fundamental para construir una sociedad digital que sea segura, ética y respetuosa con la privacidad de los individuos. Este enfoque compartido asegura un uso beneficioso y responsable de los datos en la era de la información.

Construyendo una Cultura de Conciencia de Datos

Construir una cultura de conciencia de datos en la era digital es un proceso multifacético y vital. En primer lugar, implica educar y sensibilizar a individuos y organizaciones sobre la importancia y el impacto de los datos en nuestras vidas. La comprensión de cómo se recopilan, almacenan y utilizan los datos es fundamental para fomentar una relación responsable y ética con la tecnología.

En segundo lugar, la transparencia es clave. Las empresas y organizaciones deben ser claras sobre sus prácticas de recopilación y uso de datos, lo que incluye explicar de manera accesible cómo se maneja la información personal. Esto no solo aumenta la confianza del usuario, sino que también promueve una mayor responsabilidad corporativa.

Además, es esencial fomentar la participación de los individuos en la gestión de sus propios datos. Esto incluye proporcionar a los usuarios las herramientas y el conocimiento necesarios para controlar su información personal, como ajustar la configuración de privacidad y comprender los términos de servicio.

Otro aspecto importante es la colaboración entre diferentes sectores para promover una cultura de conciencia de datos. Esto puede incluir asociaciones entre el sector público, empresas privadas y organizaciones educativas para desarrollar políticas, programas de formación y campañas de concienciación.

Por último, fomentar una cultura de conciencia de datos requiere un compromiso continuo con la innovación y la adaptación. A medida que surgen nuevas tecnologías y se desarrollan nuevas formas de recopilación y análisis de datos, la sociedad debe estar preparada para evaluar y responder a estos cambios de manera ética y consciente.

4. Mirando hacia el Futuro: Desafíos y Oportunidades

Se discuten los desafíos y oportunidades futuros en la economía de la información. Se contempla cómo la continua evolución tecnológica afectará la manera en que interactuamos con los datos y las implicaciones para la sociedad.

Innovaciones Tecnológicas y su Impacto en la Información

Las innovaciones tecnológicas han tenido un impacto significativo en la manera en que interactuamos con la información. En primer lugar, el desarrollo de la inteligencia artificial y el big data ha permitido un análisis de datos más profundo y preciso, abriendo nuevas posibilidades en diversas áreas, desde la medicina hasta el marketing. Estas tecnologías han facilitado la identificación de patrones y tendencias que antes eran difíciles de detectar.

En segundo lugar, la era digital ha acelerado la velocidad a la que se genera y se accede a la información. La capacidad de procesar grandes cantidades de datos en tiempo real ha transformado la toma de decisiones, permitiendo respuestas más rápidas y basadas en evidencia.

Además, estas innovaciones han planteado importantes desafíos en términos de privacidad y seguridad. La creciente recolección de datos personales ha aumentado la preocupación por la protección de la privacidad y la necesidad de regulaciones más estrictas para salvaguardar la información sensible.

Otro aspecto relevante es el cambio en la dinámica del poder y el conocimiento. El acceso a la información y la capacidad de analizarla confiere una ventaja significativa, tanto en el ámbito empresarial como en el político. Esto ha llevado a un debate sobre la equidad en el acceso a la tecnología y la información.

Por último, se espera que la evolución continua de la tecnología siga impactando la forma en que interactuamos con la información. La adaptación a estos cambios y el desarrollo de nuevas formas de manejo ético y efectivo de los datos serán esenciales para el futuro de la economía de la información.

Preparándonos para los Desafíos del Futuro

Prepararnos para los desafíos del futuro en la era de la información es un proceso multifacético y esencial. En primer lugar, la educación y la formación continua serán cruciales. A medida que las tecnologías evolucionan, también lo deben hacer nuestras habilidades y conocimientos para trabajar y vivir en un mundo cada vez más digitalizado.

En segundo lugar, el desarrollo de políticas y regulaciones adecuadas es clave para abordar los desafíos emergentes. Esto incluye leyes que protejan la privacidad y seguridad de los datos, al tiempo que fomenten la innovación y el uso ético de la tecnología.

Además, la colaboración entre diferentes sectores, incluidos el gobierno, la industria y la academia, es fundamental. Estas alianzas pueden fomentar la innovación responsable y garantizar que los avances tecnológicos se utilicen para el beneficio de la sociedad en su conjunto.

Otro aspecto importante es la adaptabilidad y la resiliencia. Tanto a nivel individual como organizacional, la capacidad de adaptarse rápidamente a los cambios será esencial para prosperar en un futuro incierto y en constante cambio.

Por último, promover una cultura de responsabilidad ética y social en el uso de la tecnología es fundamental. Esto implica no solo el desarrollo de tecnologías que respeten los derechos y la dignidad de las personas, sino también la creación de una conciencia social sobre la importancia del manejo ético de los datos y la tecnología.

Oportunidades en la Economía de la Información

Las oportunidades en la economía de la información son vastas y variadas. Primero, el acceso sin precedentes a los datos y la información abre puertas a la innovación en numerosos campos. Las empresas pueden utilizar el análisis de big data para mejorar la toma de decisiones, optimizar operaciones y personalizar la experiencia del cliente.

En segundo lugar, la economía de la información fomenta el desarrollo y el crecimiento de nuevas industrias. Sectores como la inteligencia artificial, el análisis de datos y la ciberseguridad están en expansión, creando nuevas oportunidades de empleo y negocios.

Además, la democratización del acceso a la información tiene el potencial de nivelar el campo de juego para pequeñas empresas y emprendedores. La capacidad de acceder a datos y herramientas de análisis, que antes estaban reservados para grandes corporaciones, permite a las empresas más pequeñas competir de manera más efectiva.

Otro aspecto significativo es el impacto en la educación y el aprendizaje. La disponibilidad de recursos educativos en línea y el acceso a diversas fuentes de información tienen el potencial de transformar la educación, haciéndola más accesible y personalizada.

Finalmente, la economía de la información ofrece oportunidades para abordar desafíos sociales y ambientales. El uso de datos para comprender mejor estos problemas y desarrollar soluciones innovadoras puede tener un impacto positivo significativo en la sociedad y el medio ambiente.

5. Resumen de la Sección VIII

La Sección VIII del libro, centrada en "Nuestro Lugar en la Economía de la Información", aborda profundamente la relevancia y el impacto de la era digital y la información en nuestra sociedad. Este análisis comienza con una retrospectiva histórica, trazando el camino desde la Revolución Industrial hasta la era digital actual. Se destaca cómo los avances tecnológicos han redefinido nuestra relación con los datos, transformando todo, desde procesos empresariales hasta interacciones sociales.

Un enfoque significativo de esta sección es el papel de los datos en la política y la importancia de la ética y la transparencia en su uso. Se exploran los desafíos que enfrentan tanto individuos como corporaciones en la gestión de datos en un mundo cada vez más centrado en la información. Se enfatiza la responsabilidad compartida en la protección de la privacidad y la seguridad de los datos, y se examinan las implicaciones de las prácticas de recopilación y uso de datos.

La sección también profundiza en la construcción de una cultura consciente de datos, resaltando la necesidad de educación y sensibilización sobre la importancia de los datos y cómo estos influyen en nuestras vidas. Se discute cómo las innovaciones tecnológicas presentan tanto oportunidades como desafíos en la economía de la información, y se reflexiona sobre cómo prepararnos para los desafíos futuros.

En conclusión, la sección ofrece una perspectiva detallada y reflexiva sobre nuestro lugar en la economía de la información. Subraya la necesidad de un enfoque equilibrado que reconozca el poder y el potencial de los datos, al tiempo que se mantiene vigilante sobre los desafíos éticos, legales y sociales que conllevan.

IX. REFLEXIONES FINALES

En la era actual, marcada por avances tecnológicos sin precedentes, vivimos en un mundo donde la información es tanto una herramienta poderosa como un recurso omnipresente. La economía de la información, un término que encapsula la centralidad de los datos en nuestras vidas contemporáneas, ha redefinido no solo la forma en que las empresas operan, sino también cómo los individuos interactúan y se perciben a sí mismos y a los demás en el entramado social.

Este nuevo paradigma, impulsado por la digitalización y la globalización, ha traído consigo tanto oportunidades como desafíos. Por un lado, la capacidad de recopilar, analizar y utilizar grandes volúmenes de datos ha abierto puertas a innovaciones en múltiples campos. Desde la medicina personalizada hasta la optimización de las cadenas de suministro, el big data y la inteligencia artificial están facilitando avances que antes parecían lejanos.

Sin embargo, estas oportunidades vienen acompañadas de cuestiones éticas y morales significativas. La privacidad de los datos, la seguridad cibernética y el uso ético de la información se han convertido en preocupaciones centrales. En este contexto, la responsabilidad no recae solo en las corporaciones y gobiernos, sino también en los individuos, quienes deben navegar en un mundo donde su información personal es una moneda de cambio valiosa.

La transición de la Revolución Industrial a la era digital ha sido una metamorfosis no solo tecnológica sino también cultural y social. Mientras que antes la producción y la manufactura eran los motores de la economía, hoy en día son los datos y la información los que impulsan las decisiones y estrategias en prácticamente todos los sectores. Esta transición ha llevado a un replanteamiento de muchos aspectos de nuestras vidas, desde la política y la gobernanza hasta la ética y la cultura.

En la política, por ejemplo, hemos visto cómo los datos se han convertido en una herramienta crucial en las campañas electorales y en la formulación de políticas públicas. Sin embargo, esto también ha planteado desafíos en términos de manipulación de la información y noticias falsas, lo que subraya la importancia de la transparencia y la ética en el manejo de datos.

La economía de la información también ha traído consigo una transformación en el mundo laboral. La automatización y la inteligencia artificial están redefiniendo lo que significa trabajar, creando nuevas oportunidades mientras desplazan ciertos tipos de empleo. Este cambio exige una reflexión sobre cómo la sociedad y las economías pueden adaptarse para garantizar que los beneficios de estas tecnologías sean compartidos de manera equitativa.

Otro aspecto crucial de esta era es la necesidad de una nueva educación y conciencia digital. En un mundo donde la información es abundante y a menudo abrumadora, la capacidad de discernir, analizar y utilizar la información de manera crítica es más importante que nunca. Esto requiere un enfoque educativo que no solo enseñe habilidades técnicas, sino que también fomente el pensamiento crítico y la responsabilidad digital.

Mirando hacia el futuro, se prevén más innovaciones y cambios impulsados por el Big Data y la IA. Estas tecnologías seguirán transformando nuestras vidas, pero también presentarán nuevos desafíos éticos, sociales y económicos. La preparación para estos cambios y el desarrollo de marcos regulatorios y éticos que puedan adaptarse a estos avances serán esenciales para garantizar que la economía de la información beneficie a todos.

En resumen, vivimos en una época de transformación significativa, impulsada por la omnipresencia y el poder de los datos. Como sociedad, enfrentamos el reto de aprovechar las oportunidades que esto presenta, al tiempo que abordamos los desafíos éticos, sociales y económicos que conlleva. La economía de la información nos ofrece un futuro lleno de posibilidades, pero también nos exige ser conscientes, críticos y proactivos en la forma en que manejamos y utilizamos la información.

A medida que cerramos este viaje nos encontramos al borde de un mundo en constante evolución, un mundo moldeado por la información y la tecnología. Que este libro sirva no solo como una reflexión sobre lo que hemos aprendido, sino también como una invitación a seguir explorando y participando activamente en la configuración de nuestro futuro digital.

Mientras pasamos la última página, consideremos esto no como un final, sino como un nuevo comienzo en nuestra continua búsqueda de conocimiento y comprensión en la era de la información. Que cada lector se sienta inspirado a profundizar más, a cuestionar y a contribuir a este vasto y dinámico campo. Juntos, como una comunidad global informada y consciente, podemos forjar un futuro donde la tecnología y los datos se utilicen para el beneficio de todos.

Con este pensamiento, los invito a mantener la curiosidad, a abrazar el cambio y a participar activamente en la creación de una economía de la información que sea ética, equitativa y próspera.

www.ingramcontent.com/pod-product-compliance
Lightning Source LLC
Chambersburg PA
CBHW071040290526
45795CB00004B/1247